AF324574

Manager avec l'approche Herrmann

L'art de conjuguer les intelligences individuelles

Groupe Eyrolles
61, bd Saint-Germain
75240 Paris Cedex 05

www.editions-eyrolles.com

Cet ouvrage a fait l'objet d'un reconditionnement
à l'occasion de son deuxième tirage (nouvelle couverture).
Le texte reste inchangé par rapport au tirage précédent.

Illustrations de Frédéric Cambray

Le code de la propriété intellectuelle du 1er juillet 1992 interdit en effet expressément la photocopie à usage collectif sans autorisation des ayants droit. Or, cette pratique s'est généralisée notamment dans l'enseignement, provoquant une baisse brutale des achats de livres, au point que la possibilité même pour les auteurs de créer des œuvres nouvelles et de les faire éditer correctement est aujourd'hui menacée.

En application de la loi du 11 mars 1957, il est interdit de reproduire intégralement ou partiellement le présent ouvrage, sur quelque support que ce soit, sans autorisation de l'Éditeur ou du Centre Français d'Exploitation du Droit de copie, 20, rue des Grands-Augustins, 75006 Paris.

© Groupe Eyrolles, 2010
ISBN : 978-2-212-55806-7

Stéphane DEMILLY

Manager avec l'approche Herrmann

L'art de conjuguer les intelligences individuelles

Deuxième tirage 2014

Préface de Lionel Vuillemin, président directeur général d'Herrmann International Europe

*Pour toute question, suggestion ou remarque concernant ce livre
Pour toute demande d'informations concernant les conférences
animées, en France ou à l'étranger, par Stéphane Demilly
Contact : Cabinet.DEMILLY@wanadoo.fr*

« Mon plan est fait, ma pièce est faite. »
Molière

Mes remerciements vont à :

Chantal pour sa tendre complicité dans la rédaction de cet ouvrage.

À mon père pour ses apports cerveau gauche et à ma mère pour son affection limbique droit...

À Alain Vrignaud qui m'a formé aux premiers pas de consultant.

À Bernard Crapsky qui, le premier, m'a fait confiance.

À Lionel Vuillemin pour m'avoir fait découvrir l'approche de Ned Herrmann et pour avoir accepté de préfacer cet ouvrage.

À Marie-Joseph Chalvin pour nous avoir initiés à l'analyse des grands personnages de ce monde à travers le modèle Herrmann.

Au réseau APM pour la qualité de son organisation et de ses experts...

Au cortical droit Alphonse Bouten, véritable poète des entreprises, et au limbique droit Rémy Notter, ancien directeur de l'Institut de gestion sociale de Paris où j'ai sévi quelques années...

À Frédéric Cambray pour l'humour et la justesse de ses dessins.

Et à tous ceux qui, sans le savoir et parfois sans que je ne m'en aperçoive immédiatement, m'ont tant apporté...

Sommaire

I

Les composantes de l'approche Herrmann

II

La mise en œuvre du management d'équipe avec l'approche Herrmann

III

Manager « cerveau total »

© Groupe Eyrolles

© Groupe Eyrolles

Préface
Le cerveau mode d'emploi

Avec ses cent milliards de neurones, le cerveau humain est l'objet le plus complexe qui soit. Et pourtant, cet objet fascinant nous est fourni sans aucun mode d'emploi.

À l'aube du XXIe siècle, il est remarquable de constater que, si des millions de personnes connaissent en détail le fonctionnement d'un moteur automobile, très peu connaissent celui de leur propre cerveau, alors même qu'il est à l'origine de tous les actes de notre vie.

C'est en s'appuyant sur les découvertes du fonctionnement cérébral que l'américain Ned Herrmann a mis au point son modèle « Cerveau Total ». Selon lui, nous utilisons tous notre cerveau de manière différente. Ainsi, notre perception des choses non seulement varie selon les situations, mais dépend également de notre manière de traiter l'information.

Il a identifié quatre grandes familles de modes de traitement de l'information qu'il a nommées « préférences cérébrales ». Elles expliqueraient que chacun d'entre nous puisse faire preuve d'une intelligence remarquable dans certaines actions, et pourtant se montrer très stupide dans d'autres domaines. Sorte de cartographie de l'esprit humain, le modèle de Ned Herrmann nous permet de comprendre de manière simple des problèmes et des situations complexes, telles que la manière dont nous communiquons, apprenons, enseignons... manageons.

© Groupe Eyrolles

Le management sollicite toutes les préférences cérébrales et nécessite des qualités qui peuvent souvent apparaître antinomiques : il peut en effet sembler difficile d'être à la fois un organisateur minutieux et un entrepreneur intuitif, à la fois orienté résultats et prenant en compte le bien-être des individus. C'est pourtant la réalité à laquelle chaque manager est confronté quotidiennement.

La métaphore du cerveau de Ned Herrmann, qui reprend les travaux sur la spécialisation hémisphérique, nous permet de mieux comprendre pourquoi le management est considéré, selon les auteurs, à la fois comme une science et comme un art.

Avec son modèle Cerveau Total, Ned Herrmann nous explique que, selon les situations, chaque manager doit développer une approche qui engage tous les types d'intelligences, toutes les préférences cérébrales (tout en conservant celles qui lui sont propres). Il valorise ainsi la diversité des points de vue, gage, selon lui, de créativité mais également d'efficacité. Ce modèle, apparemment simple, restitue bien la complexité du management : c'est la combinaison des variables entre elles qui permet d'établir avec finesse des profils individuels. Les grandes fonctions du management correspondent aux quatre familles de préférences et impliquent des styles de pensées différents, à savoir : gérer, organiser, animer et anticiper.

Dans son ouvrage, Stéphane Demilly expose la théorie de Ned Herrmann et la fait vivre avec des exemples et des anecdotes qu'il tire de son expérience de manager (exercer les fonctions de député-maire nécessite en effet de manager tous les cerveaux au quotidien) et de consultant auprès des entreprises et des organisations. C'est avec modestie que Stéphane Demilly nous parle de l'une des aventures les plus fascinantes et complexes qui soit : l'animation des hommes.

Il ne s'agit pas ici d'un recueil de recettes toutes prêtes, mais bien d'un outil pédagogique qu'il propose à chaque manager pour donner du sens à son action.

Lionel Vuillemin
Président-directeur général
de Herrmann International Europe

© Groupe Eyrolles

Introduction

Mon métier de consultant m'a conduit (et m'amène encore occasionnellement) à m'intéresser à deux critères qui n'apparaissent pas au bilan de l'entreprise : sa réputation et la qualité du management qui y est prodigué.

Vingt années de nomadisme au sein d'entreprises prestigieuses ou anonymes (c'est le cas de le dire...) m'ont convaincu d'une lapalissade : le management n'est pas une science exacte ! Ce qui est vrai chez Bouygues n'est pas vrai chez Danone... Ce qui est vrai pour Volvic n'est pas vrai pour Évian... Ce qui est vrai chez Volvic avec Martin n'est pas vrai avec Victor... Et ce qui est vrai avec Victor le lundi ne l'est pas forcément le mardi !

L'espace et le temps sont deux critères qui font de la relation managériale une relation unique. En d'autres termes, vos collaborateurs ont un point commun : ils sont tous différents ! Cette particularité, qui est finalement celle de toute relation humaine, doit nous inciter à aborder le sujet du management avec beaucoup de modestie, d'humilité et de discernement.

Je suis toujours chagriné de découvrir des titres de livres du style *Les 50 secrets du manager* ou des intitulés de séminaires de formation tels que « Devenez top manager en dix séances »... Tout cela relève de l'exploitation de la crédulité, de charlatanisme ou de « couillonneries », comme disait Voltaire... La pierre de Rosette pour percer les

secrets du management parfait n'existe malheureusement pas, et les modèles classiques du « prêt à l'emploi » sont trop souvent réducteurs. Ceux qui vivent l'entreprise au quotidien savent bien que rien ne vaut le sur-mesure prenant en compte les cultures collectives et les différences individuelles.

Face à cette vision « biologique » de l'organisation, il faut savoir pratiquer ce que Jack Welch, l'ancien président de la General Electric (entreprise que j'évoquerai à nouveau dans un instant), appelle la « différenciation »... Le management, c'est un peu comme le vélo, il faut le pratiquer pour l'apprendre et pour en comprendre les principales subtilités.

On peut apprendre en classe ou en stage la comptabilité et le calcul... Mais c'est dans la cour de récréation et dans la pratique des

© Groupe Eyrolles

sports collectifs qu'on a les meilleures chances d'apprendre les règles du management. Dis autrement : ce n'est pas parce que vous n'avez jamais lu de livres sur le management que vous êtes un mauvais manager... Et ce n'est pas parce que vous avez beaucoup lu sur le sujet ou participé à des dizaines de séminaires sur le leadership et l'art de motiver que vous êtes pour autant un bon manager !

Je conviens volontiers que ce n'est pas la meilleure façon de vous donner envie de continuer à « me » lire. D'ailleurs, je ne prétends nullement être un expert de ces questions, encore moins un gourou ou un sorcier, seulement un observateur attentif et passionné.

Selon moi, le management, c'est essentiellement du pointillisme et une alchimie de petites attentions, de petits gestes, de petits mots... qui font la différence entre celui qui croit être et celui qui est réellement un bon manager. Croyant plus aux hommes qu'aux systèmes, je vais, tout au long de cette expédition littéraire, étayer mes convictions par des exemples... à suivre ! *« Les mots sont des nains, les exemples des géants »*, dit un proverbe suisse allemand.

Si le management c'est discerner dans la complexité, décider dans l'incertitude et agir avec responsabilité (définition saint-cyrienne du management), c'est aussi se former en permanence et savoir transformer ces nouvelles connaissances en nouvelles compétences. Et cette nécessité s'impose très naturellement, en premier lieu, aux consultants qui doivent sans cesse approfondir et renouveler leurs connaissances et leurs approches pédagogiques. C'est l'essence même d'une vie de consultant, faite de rencontres variées et intéressantes, où l'on croise des femmes et des hommes très différents et des cultures d'entreprises aux antipodes les unes des autres. Car nous croyons avec William Somerset Maugham que *« seuls les médiocres sont toujours à leur maximum »*.

Il y a donc dans ce métier, comme dans tous les métiers, nécessité de se mettre régulièrement « à la page » pour répondre aux demandes du marché de la formation et du coaching, et pour coller aux modes du marché. Car dans le consulting et la formation, il y a aussi

© Groupe Eyrolles

des modes… L'analyse transactionnelle, les approches japonaises déclinées en cercles de qualité à la française, la programmation neurolinguistique, les conférences des stars du consulting… ont rythmé ces trente dernières années le monde du conseil et de la formation dans le domaine des ressources humaines. Si vous êtes consultant, vous savez de quoi je parle…

Un jour, dans cette vie d'aventurier d'entreprises, j'ai croisé un outil d'analyse comportementale qui m'a immédiatement séduit par sa simplicité, son humilité et son bon sens. Cet outil est le modèle Herrmann que je souhaite vous faire découvrir ici à travers une présentation pédagogique et ludique.

L'auteur de cette approche, Ned Herrmann, décédé fin 1999, était le directeur de la formation des cadres de la General Electric. « GE », fondée en 1872 par la fusion de Thomson-Houston et d'Edison General Electric, est une entreprise impressionnante par son histoire et par sa taille. Neuvième entreprise mondiale en chiffre d'affaires, deuxième par sa capitalisation boursière (derrière Exxon Mobil), GE est la seule à être encore dans le Dow Jones depuis 1896 !

De son siège basé à Fairfield dans le Connecticut, GE gère ses activités dans des secteurs aussi variés que l'électricité, les éoliennes, les réacteurs, le traitement de l'eau, l'électroménager, les équipements médicaux, etc. Son président actuel, que j'ai eu le plaisir de rencontrer, est Jeffrey Immelt, successeur de Jack Welch[1], patron de cette grande maison de 1981 à 2001, consacré dans les années quatre-vingt-dix, « Manager de l'année » par le magazine *Fortune*.

Mais revenons à Ned Herrmann…

---

1. Jack Welch est également l'auteur d'un best-seller sur le management, intitulé tout simplement *Ma vie de patron* (Village Mondial, 2001).

© Groupe Eyrolles

I

Les composantes de l'approche Herrmann

© Groupe Eyrolles

1

L'approche Herrmann : un transfert métaphorique de la neurologie vers le comportemental...

Le modèle élaboré par Ned Herrmann, et validé en 1976 par l'université du Texas, a la particularité d'établir un transfert métaphorique entre la neurologie et l'analyse comportementale.

Il faut se rappeler qu'au début des années soixante-dix, les connaissances sur le fonctionnement cérébral étaient plutôt minces.

LES CONNAISSANCES SUR LE FONCTIONNEMENT CÉRÉBRAL AU DÉBUT DES ANNÉES SOIXANTE-DIX

> *« Si notre cerveau était si simple que nous puissions le comprendre, nous-mêmes serions si simples que nous ne pourrions pas le comprendre. »*
> Norman Jewison

Le cerveau a été *terra incognita* jusqu'en 1973, année de l'apparition de l'imagerie par résonance magnétique (IRM). Il faut dire que le cerveau est ce que la nature a conçu de plus complexe depuis les premières bactéries apparues sur terre, il y a 3 milliards 800 millions d'années.

Théodore Monod comparaît l'histoire de notre terre à l'obélisque de la place de la Concorde, en mettant en adéquation la vie de notre planète et la hauteur de cette belle colonne égyptienne.

En haut de l'obélisque, une pièce de monnaie est posée. Son épaisseur correspond à l'histoire de l'homme depuis son apparition sur Terre. Sur cette pièce, une feuille de papier à cigarettes correspond à ce que nous appelons communément l'histoire.

À travers l'histoire de l'homme, non seulement le cerveau a évolué (il est passé de 400 cm^3 il y a 3 millions d'années à 1 350 cm^3 aujourd'hui), mais l'analyse de l'encéphale a elle aussi connu de nombreux épisodes, dont certains particulièrement croustillants.

Aristote, par exemple, était persuadé que le cerveau était composé d'eau et de terre pour abaisser la température du corps et induire le sommeil. Quatre siècles plus tard, Charles III le gros, le roi qui abandonna Paris aux Normands, souffrant de maux de tête invalidants, fut trépané pour « être réparé ». Résultat : aux migraines, s'ajoutèrent des sautes d'humeur telles qu'il fallut congédier ce souverain imprévisible et l'envoyer finir ses jours dans une abbaye en Forêt-Noire en 888.

QUE FAUT-IL SAVOIR SUR LE CERVEAU ?

Le cerveau est composé de :

- Deux hémisphères cérébraux ;

- Un corps calleux, reliant les quatre lobes du cerveau entre eux (lobes frontaux, temporaux, pariétaux et occipitaux gauches et droits). Constitué de plus de 200 millions de faisceaux d'axones,

© Groupe Eyrolles

le corps calleux assure le transfert inter-hémisphérique des informations ;

- Cent milliards de neurones reliés entre eux de façon particulièrement dense puisque chaque cellule est connectée aux autres par approximativement 10 000 liaisons, ce qui représente un million de milliards de liaisons... En les comptant à raison de mille par seconde, il ne faudrait que 30 000 ans pour toutes les dénombrer !

Un neurone ressemble à un arbre, avec un tronc (l'axone), entouré d'écorce (la myéline) et terminé par des racines et des branches (les dendrites) très ramifiées et couvertes d'épines. Cette arborescence foisonnante permet à chaque neurone d'établir des contacts avec ses voisins, constituant ainsi les réseaux dans lesquels les informations circulent sous forme d'influx nerveux. Ces neurotransmetteurs sont particulièrement performants puisqu'il ne faut que 30 millièmes de seconde pour que l'information aille du doigt au cerveau !

Le poids du cerveau est en moyenne de 1 400 grammes. Il est à noter que le cerveau représente à lui seul 2 % du poids du corps mais qu'il consomme 20 % de l'oxygène respirée et 20 % de l'énergie alimentaire consommée.

Il semblerait, comme pour tout organe humain, que le poids de l'encéphale féminin soit légèrement plus léger que celui de leurs chéris... *« Je conviendrais bien volontiers que les femmes nous sont supérieures si cela pouvait les dissuader de se prétendre nos égales »*, ironisait Sacha Guitry. Pour couper court à toute interprétation abusive, inconvenante et sexiste, il est clairement démontré que ce n'est pas ceux qui ont les plus grandes oreilles qui entendent le mieux... Sinon les éléphants, avec un cerveau de 6 kg, domineraient le monde...

© Groupe Eyrolles

■ LÉON, ANATOLE ET ALBERT :
TROIS CERVEAUX LÉGERS, ET POURTANT...

Confirmons cela à travers trois exemples :

- **Léon Gambetta** : celui qui fut élu député en 1869 en prenant la tête de l'opposition contre l'Empire et qui, après la défaite de Sedan, proclama la déchéance de Napoléon III avec la République, avait un encéphale frais de 1 092 g ! J'entends déjà les mauvaises langues dire qu'être « politicien », tout comme consultant d'ailleurs, est un des rares métiers qui ne nécessite pas de diplômes... *« Les politiciens, cinq ans de droit, tout le reste de travers ! »*, disait Coluche. Il faut bien se moquer de soi-même avant que les autres ne le fassent !

  Quoi qu'il en soit, cet ancien avocat au tempérament fougueux, bénéficiant d'une grande éloquence et d'un fort pouvoir de séduction, auteur de la sanglante réplique adressée à Mac Mahon, *« Vous devez vous soumettre ou vous démettre »*, fut quand même ministre de l'Intérieur et président de la Chambre des députés. Un coup de revolver accidentel, conjugué à un excès de cassoulet (il était originaire de Cahors...), mit fin à la belle carrière politique d'un homme dont le cerveau était pourtant aussi léger que le ballon qu'il utilisa pour s'échapper de Paris lorsque la capitale fut assiégée...

- **Anatole France** : l'auteur à succès (*Le Crime de Sylvestre Bonnard*, *La Rôtisserie de la reine Pédauque*), membre de l'Académie française et prix Nobel, avait, quant à lui, un cerveau aussi léger que ses lys rouges... 1 017 grammes.

- **Albert Einstein** : le père de la formule $E = MC^2$, et prix Nobel de physique, avait un cerveau de 1 230 grammes, c'est-à-dire, là aussi, bien inférieur à la moyenne... notamment masculine ! Ce qui ne l'empêchait pas d'ironiser sur ses semblables : *« Deux choses sont infinies : l'Univers et la bêtise humaine. Mais en ce qui concerne l'Univers, je n'en ai pas encore acquis la certitude absolue. »*

© Groupe Eyrolles

Le poids du cerveau n'est à l'évidence pas le bon pied à coulisse pour évaluer, de façon posthume (comme dans les trois cas précédemment évoqués), l'intelligence.

Franz Joseph Gall, médecin allemand (1758-1828) et anatomiste réputé du système nerveux, avait développé la théorie de la phrénologie dont le principe était de repérer les fonctions mentales par simple palpation des bosses du crâne. La contribution de son analyse, par ailleurs complètement erronée mais tellement amusante, était que plus une faculté est développée, plus l'espace cérébral concerné est développé.

© Groupe Eyrolles

C'est de cette façon qu'est apparue la bosse des maths !

Plus tard, vers la fin du XIXe siècle, des psychiatres, comme James McKeen Cattell ou Francis Galton, avaient imaginé des tests pour mesurer le niveau d'intelligence de leurs patients, mais ces tests ne s'adressaient qu'à des processus élémentaires et ne couvraient pas les processus « supérieurs » de l'intelligence.

▪ QI, QUOTIENT INTELLECTUEL... VOILÀ BINET !

Il fallut ensuite attendre les travaux d'Alfred Binet (1857-1911), élève de Charcot, et de Théodore Simon pour enregistrer une novation capitale grâce à leur test « Binet-Simon », plus connu sous le nom du sigle QI (quotient intellectuel). À la demande du ministre de l'Instruction publique de l'époque, ils ont proposé, en 1905, une échelle métrique de l'intelligence pour dépister les élèves inaptes à suivre l'enseignement primaire, le QI étant le rapport de l'âge mental à l'âge réel.

Cet outil d'analyse de l'efficience intellectuelle fut repris par les Américains, notamment par Lewis M. Terman, puis en version améliorée après la Seconde Guerre mondiale (le Congrès ayant décidé, suite aux problèmes rencontrés au cours de celle-ci, de ne plus enrôler les 10 % de la population au QI le plus faible, c'est-à-dire inférieur à 80). Ce fameux test du QI cherche à mesurer l'intelligence générale, dénommée par le psychologue britannique Charles Spearman « facteur G ».

Le QI est-il fiable ? Passez-le et vous verrez que non, tant le résultat sera inférieur à vos estimations... Référons-nous à un exemple célèbre, Robert James Fisher. Ce gamin de Brooklyn, né en 1943, champion d'échecs des USA à 14 ans, plus jeune grand maître de l'histoire du jeu à 15 ans, obtient le titre mondial, en 1972, en battant Boris Spassky par six victoires à deux. Et pourtant, en 2001, il se réjouit officiellement des attentats du 11 septembre avant de tenir des propos antisémites... Cette légende vivante des échecs tombe le

© Groupe Eyrolles

masque et nous dévoile une personnalité odieuse. Réfugié depuis mars 2005 en Islande, échappant ainsi au mandat d'arrêt fédéral lancé à son encontre, il décède dans l'anonymat en janvier 2008.

Au fait, les mauvaises langues disent que Fischer avait obtenu 80... de quoi être champion du monde des échecs mais inapte à devenir GI !

Remarquez, la rumeur dit aussi que John Fitzgerald Kennedy avait obtenu 119 et Sharon Stone le score extraordinaire de 150 au test du QI (comme quoi on peut avoir des instincts basiques et un cortex bien développé !).

Un jour, un des collègues de Binet, relevant beaucoup de « bizarreries » dans l'analyse des résultats, avait osé mettre en doute la validité du QI. Il s'est vu rétorqué par Alfred Binet un contre-argument imparable : *« Les tests mesurent l'intelligence car j'appelle intelligence ce que mesurent les tests... »* Fermez le ban !

Figure 1
Courbe d'évaluation du QI*

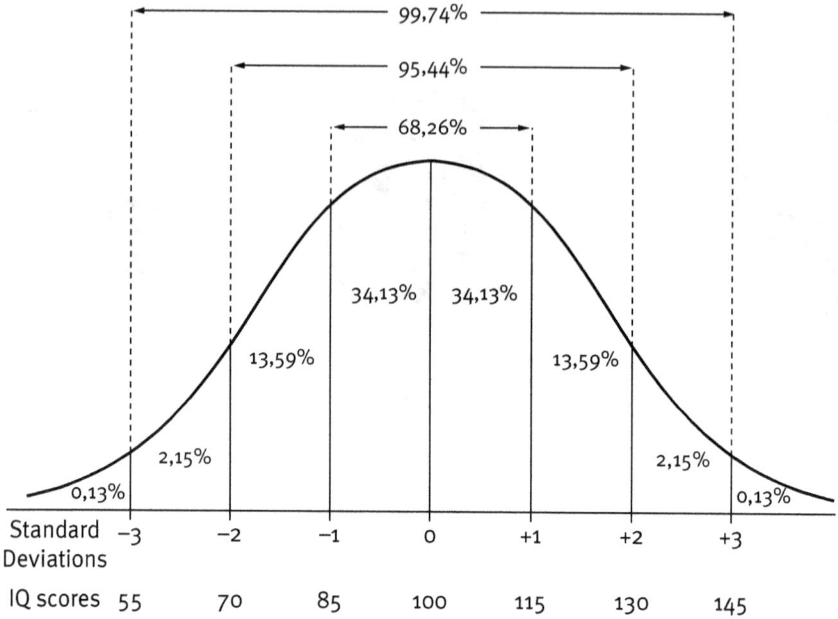

85 à 115 : intelligence normale (68,26 %)
115 à 130 : intelligence supérieure (13,59 %)
Au-dessus de 130 (2,28 % de la population, surdoué)
85 à 70 : intelligence faible (13,59 %).
En dessous de 70, réalité clinique : débilité mentale

* Tableau issu du livre *Sense and Nonsense About QI* de Charles Locurto (Praeger editions, NY, 1991).

Si votre résultat est mauvais et qu'il est plus proche de Fischer que de Stone, ne désespérez pas : un psychologue du nom de Flynn a montré, dans les années quatre-vingt que le QI augmentait à raison de 3 points tous les dix ans. Il considère qu'une personne classée parmi les meilleures (10 %) il y a 100 ans serait classée aujourd'hui dans la catégorie des 5 % les plus faibles... Considérons donc que vous avez passé le test trop tard...

© Groupe Eyrolles

▨ « Équations conjugales »[1]

Si un homme doté de 16 points de capacités intellectuelles supplémentaires[2] a 35 % de chances de plus de se marier, une femme jouissant des mêmes facultés en a 40 % de moins. Autrement dit, plus le QI d'une femme est élevé, plus ses espérances nuptiales sont réduites. Conclusion : les nouvelles Marie Curie sont vouées au célibat éternel, tandis que les *bimbos* à cervelle de noisette sont aptes aux amours, aux délices et aux orgues.

Ce mystère n'est pas sans conséquences. Si l'on considère la population générale, ces chiffres indiquent clairement que les deux catégories de personnes qui accèdent le plus facilement à l'autel sont les hommes intelligents et les femmes idiotes. Inversement, les réprouvés du mariage rassemblent sur une même galère les femmes surdouées et les hommes crétins. Il s'en déduit qu'un homme intelligent qui se marie aura plus de chances statistiques d'épouser une sotte ; mais s'il prend pour maîtresse une célibataire, il y a toutes les probabilités qu'elle soit plus futée que l'épouse légitime.

S'il veut des enfants doués, il a donc tout intérêt à les concevoir avec la maîtresse plutôt qu'avec l'épouse. Autre conséquence : le père d'une fille intelligente sera moins exposé qu'un autre à la fréquentation des gendres, tandis que la mère d'une idiote sera plus rapidement grand-mère…

Reprenons calmement le problème. Quelles sont les raisons qui font obstacle aux noces d'une femme intelligente. J'en vois au moins quatre :

- Elle suit des études longues qui retardent l'âge du mariage ;
- Munie de ses diplômes, elle dispose d'un revenu qui la rend autonome ;
- Elle entend alors jouir de la vie sans être l'otage d'un compagnon minable ;
- Elle peut développer un complexe de supériorité qui la rendra exigeante ou timide, parfois les deux.

---

1. Étude parue dans le *Sunday Times*, reprise et commentée par Marc Lambron sous le titre « Équations conjugales ».
2. N.D.L.R. : par rapport au QI moyen.

© Groupe Eyrolles

Symétriquement, étudions les raisons qui favorisent la nuptialité de l'idiote :

- Elle fait des études courtes dont le diplôme est délivré, devant témoins, par le maire ou le curé ;
- Elle ne voit pas de différences entre un homme et l'écureuil de la Caisse d'épargne ;
- Elle pense que le papier mural bleu de la petite chambre irait tellement bien avec une layette de garçon ;
- Elle adore regarder des sitcoms à la télé pendant que monsieur s'amuse avec ses copains dans une tribune du Parc des Princes.

Voilà donc quelques éléments de réflexion. Il faut y ajouter une question propre aux hommes. Préfèrent-ils une épouse éduquée indépendante, sélective, critique ? Ou une épouse ignare, soumise, gazouillante, complaisante ?

Quant à nous, soucieux de tirer de toute cette affaire une moralité empirique, nous en extrairons trois préceptes :

- Primo, le mariage d'un homme intelligent et d'une femme un peu basse de plafond a les meilleures chances de durer ;
- Secundo, le mariage d'un homme intelligent et d'une femme intelligente peut être une merveille ou un champ de bataille ;
- Tertio, le mariage d'un homme idiot et d'une femme intelligente est impossible.

En fait, il est impossible de mesurer l'intelligence... Tout simplement parce que cette dernière n'est pas singulière, elle est plurielle ! Il est clair que nos sociétés ont pendant longtemps confondu intelligence et logique...

Howard Gardner, professeur en sciences de l'éducation à Harvard Business School, la prestigieuse école de management de l'université de Boston dans le Massachusetts, l'a très bien modélisé à travers son concept d'« intelligences multiples ». L'intelligence, bien que singulière, est plurielle...

Selon lui, la notion de quotient intellectuel est terriblement réductrice, chaque individu possédant, à des degrés divers, plusieurs formes d'intelligence (intelligence musicale, intelligence gestuelle,

© Groupe Eyrolles

intelligence logicomathématique, intelligence linguistique, intelligence spatiale, intelligence interpersonnelle, intelligence intra-personnelle, intelligence naturaliste, intelligence spiritualiste, intelligence existentielle).

Revenons-en à l'approche Herrmann ! C'est en s'appuyant sur un certain nombre de découvertes dans le domaine médical de la neurologie (depuis certaines d'entre elles ont bien sûr été corrigées) que Ned Herrmann à élaboré sa grille d'analyse des préférences comportementales et cognitives. Il s'est essentiellement inspiré des travaux de Paul Donald Mac Lean et de Roger Sperry.

© Groupe Eyrolles

2

Les inspirateurs
de la méthode Herrmann

∎ MAC LEAN ET LE CERVEAU À TROIS ÉTAGES

Paul Donald Mac Lean, dont les travaux ont surtout pris forme entre 1949 et 1962, est l'inventeur de la fameuse théorie des trois cerveaux. Comme l'explique très bien Alain Resnais dans son film *Mon oncle d'Amérique*, l'idée qui prévaut chez Mac Lean est que le temps est à l'origine de la superposition « géologique » de trois couches cérébrales.

LE REPTILIEN OU L'ARCHÉENCÉPHALE

« *Ventre affamé n'a point d'oreilles.* »
Proverbe reptilien

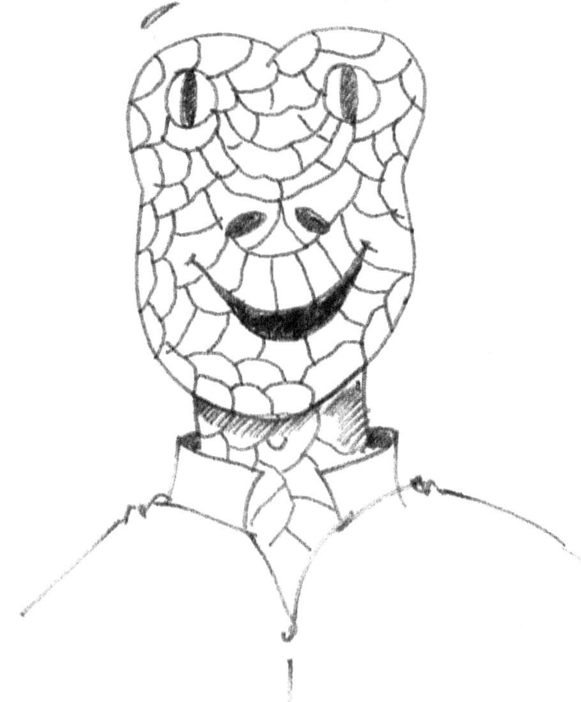

La plus ancienne « couche », l'archéencéphale, date de 500 millions d'années et remonte donc à l'époque de nos ancêtres reptiliens. Elle se charge de la survie de l'organisme : respirer, dormir, boire, manger, assurer la défense du territoire (agressivité) et la survie de l'espèce (se reproduire).

Le cerveau reptilien aime donc les fonctionnements linéaires et répétitifs, dans des contextes stabilisés, et ce afin de conserver ses vieilles habitudes. Mac Lean le compare à un « reptile en laisse » et Arthur Koestler l'a baptisé le « crocodile ».

LE LIMBIQUE OU LE PALÉENCÉPHALE

> *« L'amour rend aveugle. »*
> Proverbe limbique

La deuxième « couche », le paléencéphale, datant de 200 millions d'années (l'époque des mammifères inférieurs), comprend, entre autres, l'hippocampe, siège de la mémoire épisodique (on devrait dire les hippocampes car il y en a un dans chaque hémisphère chargé de la mémoire), le thalamus (qui filtre les informations arrivant au cortex cérébral et dont la stimulation provoque le désir, le plaisir et le rire) et l'amygdale (déclenchant la peur et la colère).

Ce cerveau, appelé « limbique », est donc le centre physiologique principal de la mémoire et des six émotions de base identifiées par Paul Ekman, le psychologue pionnier dans l'étude des émotions (la tristesse, la joie, la colère, le dégoût, la peur et la surprise). Mac Lean l'avait d'abord baptisé le « cerveau viscéral ».

Il va de soi que cette approche « localisationniste » du fonctionnement cérébral doit être relativisée dans la mesure où l'on ne parle plus aujourd'hui de siège de la fonction mais de zone nécessaire à sa réalisation.

Cependant, cette relation, au sein du système limbique, de la mémoire et de l'émotion nous rappelle l'évidence parfois oubliée

© Groupe Eyrolles

que l'appréciation se base sur l'expérience mémorisée et que la rémanence d'un vécu est liée à l'affect subi. L'intensité affective facilite effectivement l'empreinte d'un événement, qu'il s'agisse d'une expérience collective ou personnelle. La coupe du Monde de 1998, le drame du 11 septembre, le tsunami asiatique, la perte d'un être cher, la naissance d'un enfant sont autant d'événements définitivement « engrammés ».

> *« Sans la mémoire, que serions-nous ? Nous oublierions nos amitiés, nos amours, nos plaisirs, nos affaires. Le génie ne pourrait rassembler ses idées. Le cœur le plus affectueux perdrait sa tendresse s'il ne s'en souvenait plus. Notre existence se réduirait aux moments successifs d'un présent qui s'écoule sans cesse. Il n'y aurait plus de passé. Ô misère de nous ! Notre vie est si vaine qu'elle n'est qu'un reflet de notre mémoire. »*
>
> Chateaubriand, *Mémoires d'outre tombe*

© Groupe Eyrolles

Pourquoi un enfant doit-il sans cesse répéter 6 × 7 = 42 pour s'en souvenir alors qu'une unique expérience peut lui inculquer définitivement la phobie des chiens ? Parce que d'un point de vue évolutif, notre cerveau évalue, à chaque instant, les expériences essentielles qu'il faut retenir et celles qui n'ont pas un intérêt direct pour la survie et que l'on peut oublier. Les événements qui menacent la survie sont automatiquement et immédiatement mémorisés et stockés de façon permanente. Toute expérience qui provoque la peur ou des émotions intenses – agréables ou désagréables – a de grandes chances d'être retenue en tant qu'événement important pour l'avenir… sauf à avoir, comme l'agent Kay dans le film *Men in Black*, un « effaceur de souvenir ».

À ce sujet, les travaux d'Hanna et d'Antonio Damasio, de l'université de l'Iowa, sont particulièrement intéressants… et déroutants. Ils ont beaucoup écrit sur le fait que certaines lésions cérébrales dans cette région limbique pouvaient « fabriquer » des individus schizoïdes, c'est-à-dire anesthésiés sur le plan affectif et hermétiques à toute forme de stimuli émotionnel. Mister Spock de *Star Trek* ou « l'étranger » d'Albert Camus, qui ne sait plus si sa mère est morte la veille ou le jour même, ne sont pas des personnages qui relèvent uniquement de la littérature.

LE CORTEX OU LE NÉENCÉPHALE

> *« Je suis si intelligent que mon cerveau*
> *est mon deuxième organe favori. »*
> Woody Allen

La troisième et dernière « couche » cérébrale (à ce jour…), le néencéphale (plus connu sous le nom de cortex) a quelques millions d'années. Il s'est surtout développé à l'arrière du crâne. Il est considéré comme le lieu de l'« intelligence », de la pensée logique et de la conscience de soi. Ce cerveau n'aime pas s'ennuyer, il faut l'alimenter en stimulation intellectuelle.

© Groupe Eyrolles

Mac Lean l'a appelé *« mère de l'invention »* et *« père de la pensée abstraite »*. On le surnomme le « cerveau froid » car il analyse, il raisonne et freine les pulsions du vieux cerveau chaud (d'où l'expression « prendre de la hauteur » ?). Il a une donc fonction régulatrice. Jean-Pierre Changeux l'appelle *« le générateur de diversité »* car il intègre l'évolution de l'environnement pour s'adapter.

« L'homme n'est pas le seul animal à penser, mais il est le seul à penser qu'il n'est pas un animal. »
Colette

Examinons maintenant le parcours d'une information, selon Mac Lean, neurobiologiste américain décédé fin 2007 et père de cette fameuse théorie du cerveau triunique : lorsqu'une information de l'extérieur arrive par l'entremise des cinq sens, elle doit, selon lui, transiter par le reptilien et le limbique avant d'arriver, le cas échéant, au cortex. La première fois que j'ai parcouru cette présentation de Mac Lean (qui fait d'ailleurs sursauter bon nombre de neurologues, tant cette description est aujourd'hui perçue comme obsolète), j'ai immédiatement fait un parallèle avec les travaux d'Abraham Maslow et son explication de la motivation par la hiérarchisation « pyramidale » des besoins. Les besoins physiologiques et sécuritaires pourraient être comparés à la structure reptilienne de Mac Lean, les besoins sentimentaux et d'appartenance à la partie limbique, enfin

© Groupe Eyrolles

les aspirations et les besoins d'accomplissement à la dernière strate corticale.

Et comme nous le rappelle Gustave Le Bon dans son ouvrage de 1895 *Psychologie des foules*, les circonstances peuvent déclencher des allers-retours entre ces trois strates : « *Le seul fait qu'il fasse partie d'une foule, l'homme descend de plusieurs degrés sur l'échelle de la civilisation. Isolé, c'est peut-être un individu cultivé. En foule, c'est un instinctif, par conséquent un barbare. Il a la spontanéité, la violence, la férocité et aussi les enthousiasmes et les héroïsmes des êtres primitifs... L'individu isolé a l'aptitude à dominer ses réflexes alors que la foule en est dépourvue.* »

▨ SPERRY ET LES DEUX HÉMISPHÈRES

> « *Les hommes jugent les choses suivant la disposition de leur cerveau.* »
>
> Spinoza

Roger Sperry, autre inspirateur sans le savoir du modèle Herrmann, était un neurobiologiste rendu célèbre par ses travaux sur les connexions entre les hémisphères cérébraux, ce qui lui valut un prix Nobel de médecine en 1981. Il a étudié en particulier les fonctions spécifiques des deux hémisphères cérébraux. Spécialiste des maladies épileptiques, il a pratiqué les premières commissurotomies en sectionnant le corps calleux reliant les deux hémisphères (*split brain*).

D'autres neuro-anatomistes avaient déjà au XIXᵉ siècle montré le chemin de la « spécialisation hémisphérique » :

- Pierre-Paul Broca, de l'Académie de médecine, notamment, est resté célèbre pour sa découverte du centre du langage dans le cerveau. À la Société d'anthropologie, il y avait depuis longtemps discussion sur la localisation ou non du langage dans une zone précise. C'est dans ce contexte qu'un certain Eugène Leborgne,

© Groupe Eyrolles

pensionnaire de l'hospice de Bicêtre depuis plus de vingt ans et dont les capacités de langage s'étaient brutalement interrompues, meurt le 17 avril 1861, à l'âge de 51 ans. Pierre-Paul Broca décide alors de pratiquer l'autopsie sur celui qu'on surnommait dans l'hospice « Monsieur Tan », seule syllabe qu'il pouvait prononcer. Il constate alors une importante lésion syphilitique de l'hémisphère gauche au niveau du lobe frontal. Il en conclut donc que cette aire cérébrale, située à la partie inférieure de la troisième circonvolution frontale gauche, dirige l'action de « la musculature bucco-phonatoire ». Dès lors, Broca développera le concept de « dominance » hémisphérique.

- Dix ans plus tard, Carl Wernicke, neurologue et psychiatre polonais émigré en Allemagne, met en évidence une autre région impliquée, celle-là, dans la compréhension du langage. Elle est située dans la partie postérieure du lobe temporal gauche. Les patients ayant une lésion à cet endroit peuvent parler, mais leur discours est souvent incohérent et dénué de sens.

Les découvertes de Broca et de Wernicke amenèrent les spécialistes à parler de « cerveau noble » pour évoquer l'hémisphère gauche et de « cerveau mineur » pour évoquer le droit. Mais par l'utilisation de puissants sédatifs permettant de mettre temporairement hors circuit un hémisphère, le rôle prépondérant de l'hémisphère droit dans la gestion holistique des informations, et notamment des graphismes assimilables à l'image (dessins, peintures...), a pu être mis en avant.

Pour conclure cette approche latéralisée du fonctionnement cérébral, une expérience menée par Paul Robertson, musicien, et le professeur Fenwick, neuropsychiatre à Londres, a montré que les musiques douces et harmonieuses activaient davantage l'hémisphère droit alors que les musiques dissonantes et arythmiques généraient plus d'activité dans l'hémisphère gauche. Cela n'est d'ailleurs pas sans nous rappeler le cas de Maurice Ravel qui, atteint d'une atrophie du cortex gauche, ne pouvait plus lire ni écrire la musique mais reconnaissait toute fausse note. Cela l'amena d'ailleurs à confier à Valentine Hugo en 1933 : *« Je ne ferai jamais ma Jeanne d'Arc. Cet opéra-là est dans ma tête ; je l'entends mais je ne l'écrirai jamais, c'est fini, je ne peux plus écrire ma musique. »*

Les troubles neurologiques ont des conséquences aussi variées que surprenantes… Suite à un accident cérébral, certaines personnes n'arrivent pas à répéter un mot simple, confondent leur corps avec celui du médecin ou croient voir un inconnu en se regardant le matin dans leur glace. D'autres encore se voient en noir et blanc et ne reconnaissent pas les mots alors qu'ils savent les écrire. Plus inquiétant encore est le fait de perdre la coordination entre la droite et la gauche du corps : parfois la main droite accomplit une tâche et la gauche tente de s'y opposer… *« La variété des pannes est quasiment illimitée »*, explique Laurent Cohen, professeur de neurologie à l'hôpital de la Salpêtrière, dans un de ses ouvrages.

Oliver Sacks, professeur au collège de médecine Albert-Einstein de New York, a également écrit de nombreux ouvrages sur le sujet. La forme de ses récits, composés d'anecdotes qu'il rapporte et analyse, rend accessible ses conclusions auprès du grand public, tout spécialement celui qu'il a écrit en 1985, *L'Homme qui prenait sa femme pour un chapeau*, monté au théâtre des Bouffes du Nord par Peter Brook. Un autre de ses ouvrages, *L'Éveil*, paru en 1973, a donné lieu à un film de Penny Marshall en 1990 avec Robin Williams et Robert de Niro.

Pour en revenir aux travaux de Roger Sperry et de tous ses prédécesseurs, il convient de préciser à nouveau que la réalité neurologique est beaucoup plus complexe et que de nombreux processus cognitifs impliquent les deux hémisphères cérébraux. Pour autant, sans tomber dans une dichotomie absolue, il existe des différences hémisphériques dans le traitement de l'information : l'hémisphère gauche est plus efficace pour effectuer un traitement local et séquentiel de l'information, tandis que l'hémisphère droit favorise le traitement de l'information holistique et visuo-spatiale.

© Groupe Eyrolles

De quoi rassurer Archiloque, poète de la Grèce antique, qui classait les hommes en deux catégories : les renards qui croyaient en une multitude de petites choses et les hérissons qui croyaient en une grande chose.

© Groupe Eyrolles

3

Les quatre quadrants du modèle Herrmann

C'est en croisant l'analyse « verticale » de Mac Lean et l'approche « latérale » de Sperry que Ned Herrmann (1922-1999) a créé un modèle pédagogique mettant en évidence les préférences comportementales et cognitives des individus. En 1976, il a mis au point un inventaire de personnalité validé par l'université du Texas, le HBDI (*Herrmann Brain Dominance Instrument*), composé de 120 items et donnant à chacun une représentation graphique et synthétique de ses préférences.

Introduite en France en 1986 par Lionel Vuillemin, cette approche métaphorique s'articule autour de quatre quadrants préférentiels, obtenus par le croisement du concept hémisphère gauche/hémisphère droit et du concept cortical-limbique :

- Les deux de gauche reprennent évidemment l'idée développée précédemment selon laquelle l'hémisphère gauche est le siège dominant du raisonnement logique et de l'analyse séquentielle et rationnelle ;
- Les deux de droite s'inspirent des « préférences » de l'hémisphère droit, à savoir la synthèse, l'instantané, le visuel, l'intuitif et l'expressif ;

© Groupe Eyrolles

- Les deux du haut relèvent du cortical, et donc de la réflexion, des idées et du détachement ;
- Les deux du bas relèvent du limbique, siège des émotions, de l'humeur et de la mémoire.

■ LES GRANDES TENDANCES DE CHAQUE QUADRANT

LES PRÉFÉRENCES DU CORTICAL GAUCHE

Les préférences du cortical gauche (CG) sont tournées vers la performance, l'efficience et la compétition. Il aime donc tout particulièrement la logique, les faits, la technique, les finances, le rationnel et la résolution de problèmes.

La préférence corticale gauche est celle du professionnel perfectionniste, plutôt individualiste, doté d'un sérieux esprit critique, qui souhaite développer ses connaissances et ses compétences pour tendre vers l'expertise. C'est un homme ou une femme qui aime évaluer, juger, séparer, séquencer et éliminer.

Ses qualités s'exprimeront donc pleinement dans des activités à forte connotation technique (ingénierie, médecine, recherche, banque, juridique…).

LES PRÉFÉRENCES DU LIMBIQUE GAUCHE

Les préférences du limbique gauche (LG) sont tournées vers la prudence et l'organisation. Il aime tout particulièrement la sécurité, les règles, la qualité, l'opérationnel et la planification. C'est un conservateur, assez anxieux, attaché à son territoire, qui souhaite que les procédures soient respectées pour que l'ordre puisse régner.

Ses qualités s'exprimeront donc pleinement dans des activités de production, de méthodes et de réalisation…

© Groupe Eyrolles

LES PRÉFÉRENCES DU LIMBIQUE DROIT

Les préférences du limbique droit (LD) sont tournées vers le contact humain. C'est un quadrant particulièrement sensible aux émotions et à l'ambiance. La préférence limbique droite est celle d'un sentimental, exprimant ouvertement sa sensibilité, qui aime assurer les transitions, « souder » les hommes, harmoniser, et qui recherchera parfois à l'excès le consensus afin d'éviter tout conflit.

Ses qualités s'exprimeront donc pleinement dans toutes les activités basées sur le travail en équipe et sur la compréhension de l'autre. Il aime « nourrir » les autres et il sera ainsi à l'aise dans tout ce qui touchera à l'enseignement, la pédagogie, la diplomatie, le commerce et l'action sanitaire et sociale.

LES PRÉFÉRENCES DU CORTICAL DROIT

Les préférences du cortical droit (CD) sont tournées vers le futur. Doté d'une forte imagination, ce quadrant audacieux aime le risque, le changement et l'originalité. La préférence corticale droite est celle d'un explorateur visionnaire, perpétuellement orienté vers l'avenir, fonctionnant de façon créative et synthétique. C'est un éternel conquérant qui n'est jamais rassasié. Dès qu'une victoire est acquise, il a d'autres projets...

Ses qualités s'exprimeront donc essentiellement dans les activités de stratégie, d'innovation et de marketing.

Figure 2

Les quatre quadrants différentiels et les quatre différents « Moi »[*]

Nos 4 différents « MOI »

	Analyse Quantifie Logique Critique Réaliste Aime les chiffres Manipule l'argent Connaît la technique	Suppose Imagine Spécule Prend des risques Fougueux Outrepasse les règles Aime les surprises Curieux/joueur	
A Mon « MOI » rationnel			**D** Mon « MOI » expérimental
B Mon « MOI » prudent			**C** Mon « MOI » ressenti
	Préventif Établit des procédures Finalise les choses Fiable Organisé Ordonné Ponctuel	Sensible Enseigne Émotif Serviable Expressif Parle beaucoup Ressent	

[*] ©1999. The Ned Herrmann Group.

◼ NON, HIPPOCRATE N'EST PAS DE RETOUR…

> *« Il y a toujours un côté du mur à l'ombre. »*
>
> Jacques Prévert

Il va de soi que nos préférences sont dispatchées, dans des proportions différentes selon les individus, dans les quatre quadrants du modèle Herrmann et que le temps fait plus ou moins osciller, selon les événements de la vie, ces pourcentages. À ce stade de la présentation, il m'apparaît nécessaire de mettre en garde le lecteur contre l'apparente facilité qu'il y aurait à céder à la sirène de la classification simplificatrice.

Nous ne sommes pas dans un schéma manichéen et statique de l'analyse des préférences, comme celui d'Hippocrate, il y a 2 500 ans, qui classait les humeurs en quatre catégories herméti-

© Groupe Eyrolles

ques : les lymphatiques, les mélancoliques, les colériques et les sanguins. D'ailleurs, dans la grille d'analyse qui nous intéresse, nous ne sommes pas dans des classifications de caractères ou d'humeurs. Nous sommes dans une appréciation pédagogique des préférences comportementales et cognitives, ce qui est bien sûr complètement différent.

En revanche, s'il n'y a pas de bons ou de mauvais profils *a priori*, chaque préférence comporte des atouts et des ombres, un côté adret et un côté ubac, bref des avantages et des inconvénients :

- Le cortical gauche présentera l'avantage d'être factuel, précis, analysant bien le problème avant de décider... mais sera parfois un peu trop pinailleur, « coupeur de cheveux en quatre », technocrate et critique ;

- Le limbique gauche présentera l'avantage d'être organisé, réaliste, fiable et consciencieux... mais sera parfois trop scrupuleux, bureaucrate et fermé au changement ;

- Le limbique droit présentera l'avantage d'être direct, enthousiaste, empathique et à l'écoute des autres... mais sera parfois trop collant, trop susceptible et trop excessif ;

- Le cortical droit présentera l'avantage d'être rapide, intuitif, créatif, synthétique et fonceur... mais sera parfois trop hasardeux, fantaisiste, irréaliste et rêveur.

▪ LE HBDI OU LA CARTE DES PRÉFÉRENCES COMPORTEMENTALES ET COGNITIVES

Pour mesurer (le terme est peut-être inadéquat quand on parle de sciences humaines...), pour jauger ces préférences, à un instant « t », Ned Herrmann a mis au point l'inventaire HBDI permettant de les représenter sur une carte, de façon graphique et synthétique. Il a ainsi pu, à travers des analyses statistiques, dégager 81 familles de « cocktails préférentiels » dont une douzaine dominante. Au-delà des analyses plus précises qui peuvent être faites à partir de cet inventaire, le profil HBDI permet de voir rapidement si l'individu est plutôt attiré par un, deux, trois ou quatre quadrants.

Pour analyser cette carte (chez Herrmann, nous parlons de cible), il faut admettre en termes de lecture que :

- Lorsque le résultat, dans un quadrant, est dans le plus petit cercle central (entre 0 et 33), l'individu est, pour cette préférence, dans la zone d'évitement (ce qui se traduira par de la négligence, de la procrastination, de l'oubli, de la délégation ou par des efforts consentis pour ne pas laisser cette zone en jachère) ;

- Lorsque le résultat, dans un quadrant, est dans le deuxième cercle (entre 34 et 66), l'individu est dans la zone d'utilisation (avec un appétit limité) ;

- Lorsque le résultat, dans un quadrant, est dans le troisième et quatrième cercle, l'individu est dans la zone de préférence et de confort.

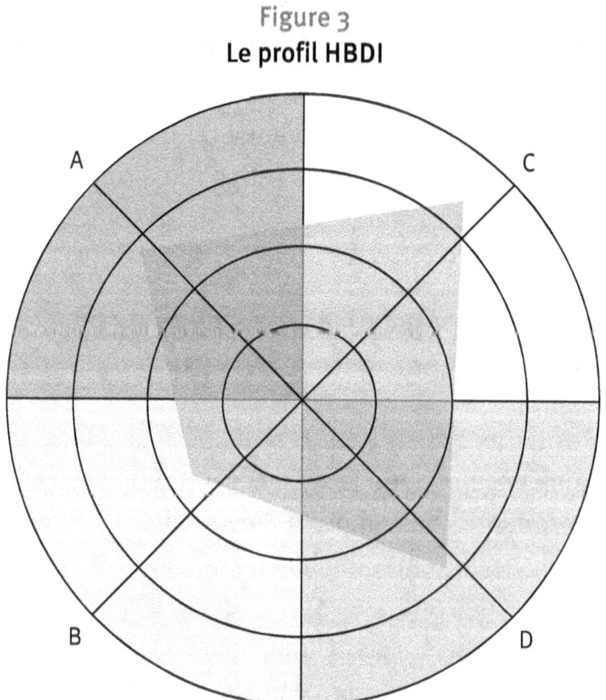

Figure 3
Le profil HBDI

© Groupe Eyrolles

Dans les statistiques européennes et américaines qui ont pu être réalisées sur des dizaines de milliers d'inventaires, on peut considérer globalement que 7 % des personnes ayant complété le HBDI sont « simple dominant » (une seule préférence supérieure à 66), 60 % « double dominant », 30 % « triple dominant » et 3 % « quadruple dominant ».

De même, certaines statistiques tendent à démontrer que les hommes et les femmes ont globalement un profil moyen assez proche, si ce n'est une présence légèrement supérieure dans le cortical gauche pour les premiers et un appétit modérément plus prononcé pour les secondes dans le limbique droit.

Un homme lit le journal à son épouse et lui dit : « Savais-tu que les femmes utilisent 30 000 mots par jour contre 15 000 pour les hommes ?
– Normal, répond-elle, c'est facile à expliquer, il faut toujours répéter deux fois la même chose aux hommes. »
L'homme se retourne vers elle et dit : « Quoi ? »

LA PRÉFÉRENCE, TERRE FERTILE POUR L'ÉPANOUISSEMENT DE LA COMPÉTENCE

L'approche de Ned Herrmann ne cherche pas à expliquer les raisons psychologiques qui sont à l'origine des préférences comportementales. Elle s'intéresse aux préférences en elles-mêmes, c'est-à-dire à nos processus cognitifs spontanés, terrains fertiles pour l'expression des compétences.

En effet, si la préférence ne débouche pas toujours sur la compétence (à titre personnel, j'adore chanter mais j'ai renoncé par respect de mes proches et de mes voisins...), force est de reconnaître que la compétence est souvent « le fruit » de la préférence. L'adhésion à ce principe, que certains contestent d'ailleurs, est fondamentale dans la relation que l'on construit avec les autres, et notamment dans la relation professionnelle, professorale et parentale.

© Groupe Eyrolles

Si l'on considère qu'il est nécessaire de passionner et de transférer son enthousiasme pour avoir des collaborateurs passionnés et enthousiastes, alors la relation managériale relève d'abord du cerveau droit !

Ce vieux débat est d'abord celui de la pédagogie scolaire qui a toujours vu s'opposer les défenseurs de l'école républicaine à ceux de l'école de l'éveil. Les premiers considérant que l'acquisition du savoir repose sur la volonté, le travail, et même la douleur (approche inspirée de l'école du stoïcisme fondée trois siècles avant notre ère par Zénon de Citium), les seconds considérant que la pédagogie du plaisir et du jeu est fondamentale pour apprendre. À titre personnel, je pense qu'il est ridicule d'opposer ces deux approches qui sont complémentaires dans le temps.

L'art de la pédagogie, me semble-t-il, c'est d'abord intéresser son interlocuteur avant d'en faire un besogneux autonome qui lira, écoutera et approfondira ses connaissances *via* l'hémisphère gauche… Je suis d'ailleurs persuadé que beaucoup d'échecs scolaires ne s'expliquent pas par une absence d'intelligence, mais tout simplement par une absence de motivation, d'« appétence » et de confiance.

> *« Les mathématiciens appellent somme de deux ensembles disjoints le cardinal de leur réunion. L'opération qui donne la somme de deux cardinaux (le cardinal de la réunion de deux ensembles disjoints) s'appelle une addition. C'est l'addition qui nous donne la somme 8 de deux cardinaux 5 et 3. Ainsi, l'addition fait correspondre à chaque couple de cardinaux (5,3) la somme de ces cardinaux, c'est-à-dire un cardinal 8. Chaque couple ayant une somme et une seule, cette correspondance est donc une application mais cette application n'est pas bijective. »*
>
> Lu dans un livre scolaire de maths en 1971…

Pour vous en convaincre, je vous invite à lire ou à relire les célèbres travaux de Robert Rosenthal et de Lenore Jacobson à Oak School, qui ont montré combien il était nécessaire de ne pas oublier que l'étoile centrale de la galaxie éducative n'est pas le savoir adulte mais avant tout les modes cognitifs de l'enfant.

© Groupe Eyrolles

▨ L'expérience d'Oak School en résumé

Des comportementalistes décidèrent un jour de tester l'hypothèse selon laquelle les préjugés favorables du maître pouvaient amener un accroissement des résultats des élèves.

On donna donc aux maîtres, tout au début de l'année scolaire, le nom des enfants qui, dans leurs classes, auraient un développement intellectuel extraordinaire (en fait, ils avaient tout simplement été tirés au sort)… Le résultat fut édifiant et perturbant… puisque 47 % de ces enfants connurent un progrès de plus de 20 points au QI contre 19 % pour les autres.

Rosenthal conclut son expérience qui fait froid dans le dos en ces termes : « *Pour nous résumer, disons que grâce à ce qu'il dit, comment et quand il le dit, par les expressions de son visage, par ses gestes, par son contact, le maître a pu communiquer aux enfants du groupe expérimental qu'il espérait une amélioration de leurs performances* intellectuelles. Une telle communication, jointe à une modification possible des techniques pédagogiques, peut avoir contribué à l'apprentissage de l'enfant en modifiant la conception qu'il avait de lui-même, la confiance en ses propres possibilités, ses motivations, sa manière d'apprendre et ses aptitudes. »

© Groupe Eyrolles

II

La mise en œuvre du management d'équipe avec l'approche Herrmann

Les qualificatifs à la Prévert pour esquisser un portrait-robot de chaque quadrant sont souvent excessifs, tant dans leur nature que dans leur nombre. Cette caricature, à vocation pédagogique, doit donc être prise au second degré ; la présence, fut-elle partielle, des préférences dans un ou plusieurs autres quadrants atténuant la rudesse de la description...

Giscard, de Gaulle, Danton et Churchill, quatre très beaux prototypes des quadrants du modèle Herrmann... Si vous en voulez d'autres, je vous invite à lire les ouvrages très intéressants de Marie Joseph Chalvin (entre autres, *Ces cerveaux qui nous gouvernent* ou *Qui sont vraiment nos politiques ?*), qui évoquent, dans sa grande panoplie de profils HBDI, ces quatre personnages hauts en couleur de l'histoire européenne.

© Groupe Eyrolles

Zoom sur
les corticaux gauches...

∎ À QUOI RESSEMBLE UN CORTICAL GAUCHE ?

Rationnels, logiques, brillants, factuels, précis, techniciens ou théoriciens hors pair, sûrs d'eux, parfois hautains, aimant la compétition mais assez mauvais joueurs, sujets aux colères froides, assez distants, parfois constipés... à qui pensez-vous ?

À Alain Juppé ? Celui dont Jean-Claude Gaudin disait qu'il était « *droit dans ses bottes* » et que Jacques Chirac qualifiait de « *meilleur d'entre nous* », jugement amendé par son épouse qui déclara, lorsque Lionel Jospin devint l'hôte de Matignon (pourtant typiquement cortical gauche) : « *Enfin, nous avons un premier ministre aimable.* » Vous auriez pu aussi penser (pardon de ne citer que des références politiques) à Laurent Fabius... Un partout, balle au centre ! D'ailleurs, François Bayrou y trouve aussi toute sa place... Je resterai plus classique en prenant, dans un instant, l'exemple de Valéry Giscard d'Estaing...

Les deux ombres principales des corticaux gauches sont, d'une part, la difficulté à communiquer dans une relation basique de face à face, et, d'autre part, le manque de discernement. Naturellement,

© Groupe Eyrolles

cela ne les concerne pas tous, mais force est de constater qu'ils sont souvent plus à l'aise devant un ordinateur que devant une équipe.

D'ailleurs, ils ont trouvé ces dernières années une passerelle entre ce qu'ils aiment faire et ce qu'ils n'aiment pas faire : la communication électronique (en considérant que ces deux mots soient compatibles…). Ils envoient des mails et encore des mails (du portable ou de l'I-phone), oubliant souvent que rien ne vaut la communication directe, celle du regard, celle de l'intonation et celle de la bonne poignée de mains. En fait, de nombreux corticaux gauches ont du mal à comprendre que de nombreuses décisions se prennent dans le registre de l'émotion, le logique étant souvent pris de court par l'affectif !

Quant au manque de discernement, on pourrait le résumer en disant que beaucoup de corticaux gauches passent trop de temps à évoquer l'arbre qui cache la forêt.

© Groupe Eyrolles

Tous les formateurs en relations humaines connaissent cette très amusante histoire qui mérite d'être lue à tous ceux qui, par excès « cortical gauche », finissent par oublier la différence entre l'essentiel et l'accessoire : une fille étudiante, partie depuis plusieurs semaines dans sa nouvelle vie et ville universitaire, envoie enfin de ses nouvelles à ses parents qui, bien entendu, étaient très inquiets...

« Mes chers parents,

Depuis que je suis étudiante, je ne suis pas très forte pour la correspondance et je vous prie de bien vouloir m'en excuser. Je souhaite vous informer de ma situation mais avant de lire cette lettre, je souhaite que vous puissiez vous asseoir.

Je vais assez bien maintenant... La fracture du crâne et les différents traumatismes, dont j'ai souffert après avoir sauté de ma chambre universitaire soudainement envahie par les flammes, sont maintenant quasiment guéris. J'ai passé quinze jours à l'hôpital et je peux maintenant voir presque normalement. Les migraines, quant à elles, disparaissent petit à petit.

Heureusement, l'incendie du dortoir, ainsi que mon saut ont été vus par le pompiste de la station voisine qui a aussitôt alerté les pompiers et le SAMU. Il est également venu me voir à l'hôpital et m'a aimablement proposé, puisque ma chambre était devenue inaccessible, de partager son appartement.

En guise d'appartement, c'est plutôt une cave mais je la trouve particulièrement sympa. C'est un garçon très bien, je dois vous avouer mon amour pour lui et nous avons donc décidé de nous marier. Nous n'avons pas encore fixé la date mais ce sera bien sûr avant que ma grossesse ne soit apparente.

Oui, mes parents chéris, je suis enceinte ! Je sais combien vous désiriez être grands-parents et je sais que vous accueillerez ce bébé avec cet amour, ce dévouement et cette tendresse que vous m'avez donnés quand j'étais petite.

Si nous ne sommes pas encore mariés, c'est tout simplement parce que mon fiancé a attrapé une petite infection qui nous empêche de passer la visite prémaritale obligatoire... et que j'ai bêtement attrapée à mon tour.

Je sais que vous vous accueillerez avec joie ce garçon dans notre famille. Il est vraiment très gentil, et même s'il n'a pas fait d'études, il a de l'ambition.

Certes, il n'est ni de la même race, ni de la même religion que nous, mais je connais trop la tolérance que vous m'avez professée pour supposer un instant que cela puisse vous gêner.

Maintenant que je vous ai expliqué dans le détail ma situation, il faut que je vous dise que tout cela est faux. Il n'y a pas eu d'incendie, il n'y a pas eu de fracture et de traumatismes, je n'ai pas été à l'hôpital, je ne suis pas enceinte, je ne vais pas me marier, il n'y a aucune infection et le fiancé n'a jamais existé. En revanche, j'ai eu un 3 en histoire et un 4 en chimie… Et je voulais vous aider à relativiser les choses…

Votre fille qui vous embrasse. »

« Les choses qui importent le plus ne doivent pas être à la merci de celles qui importent le moins », nous enseigne Goethe. Voici sans doute la meilleure conclusion à ce texte.

L'ARCHÉTYPE DU CORTICAL GAUCHE : VALÉRY GISCARD D'ESTAING

Quelques indices justifiant ce positionnement :

- **Premier indice : ses études.** Il est issu des fabriques de corticaux gauches : Polytechnique et ENA, rien que ça…

- **Deuxième indice : la génétique.** Il est tombé dedans quand il était petit… Entre autres, un grand-père parlementaire (Jacques Bardoux), un arrière-grand-père parlementaire et ministre de l'Instruction publique sous Mac Mahon de 1877 à 1879 (Agénor Bardoux).

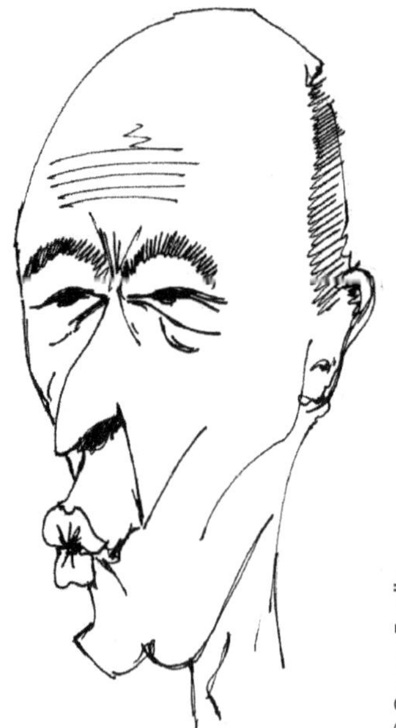

© Groupe Eyrolles

- **Troisième indice : un garçon brillant.** Bachelier à 15 ans, député à 30 ans, secrétaire d'État à moins de 33 ans en 1959 dans le gouvernement de Michel Debré, ministre des Finances à part entière trois ans plus tard... Charles de Gaulle avait raison sur *« ce grand jeune homme qui sait tout »* : *« Giscard ne pense qu'à l'Élysée, il y arrivera... c'est inscrit sur son front. »*

- **Quatrième indice : un homme intelligent.** Il a gagné l'élection présidentielle en 1974 essentiellement grâce à son talent. En effet, il n'avait pas pour lui la logistique d'un parti politique, contrairement à Jacques Chaban-Delmas qui bénéficiait, pour sa part, de la structure UDR (sauf le club des 43 députés qui avaient suivi Jacques Chirac pour soutenir Giscard dès le premier tour, opération inspirée par le couple infernal des conseillers de Chirac, Pierre Juillet et Marie-France Garaud... Opération politique qui vaudra au maire de Paris de devenir Premier ministre).

- **Cinquième indice : un politique ambitieux qui n'a pas peur.** Le 10 janvier 1967, président des Républicains indépendants, il lâche le fameux *« oui mais »* au Général de Gaulle, prononcé lors d'une conférence de presse deux mois avant les législatives... La révolte contre le père s'annonce, ce qui lui vaut en retour le *« on ne gouverne pas avec des mais »*. Le 27 avril 1969, VGE dénonce *« l'exercice solitaire du pouvoir »* et fait voter non au referendum du 27 avril 1969 sur la réforme du Sénat et des régions (52,41 % pour le non), contribuant ainsi au départ du Général.

- **Sixième indice : des erreurs de communication qui ont laissé des traces.** De Gaulle, encore lui, avait dit : *« Le problème de Giscard, ce sera le peuple... »*, ce que dément l'intéressé. Il rajoutera à son propos : *« Il dépasse tout le monde de cent coudées, mais il le fait trop voir. Quand on a une pareille envergure, il faut toujours donner aux autres l'illusion qu'ils sont au moins aussi intelligents que vous. »*

Le jour de Noël, il invite les éboueurs maliens à un petit-déjeuner à l'Élysée. C'est bien, mais sans la presse, c'eût été mieux. La proxi-

© Groupe Eyrolles

mité et la simplicité ne se décrètent pas à « coups de com », dans le cas présent maladroit…

Dans un tout autre genre, Jean-Pierre Soisson, un de ses anciens ministres, lors d'un déjeuner en tête à tête à la buvette parlementaire en février 2006, me raconta comment le Président s'était soudainement cru « supérieur aux autres » : « *Je me souviens d'un anniversaire de Ponia où Giscard, nous ayant tous invités dans un hôtel de l'île Saint-Louis, nous avait installés autour de la table. Mais il n'avait mis personne à côté de lui pour garder ses distances. Il était devenu comme ça. Un jour, à Dominati, il lui dit : "Appelez-moi dorénavant M. le Président."* » *Après 81, je l'appelle pour prendre de ses nouvelles ; il me dit de passer prendre le thé. J'arrive chez lui, il dit à la dame qui était là de lui servir un thé sans se préoccuper de ce que moi je souhaitais… C'est Giscard… »*

Si à tous ces indices, on ajoute les épisodes suivants… :

- Son absence sur place lors du terrible attentat de la rue Copernic très maladroitement commenté par son Premier ministre Raymond Barre.

- Le déferlement médiatique autour de l'affaire des diamants Bokassa (« *une chose basse qu'il faut laisser mourir de son propre poison* »), *Le Nouvel Observateur* allant jusqu'à afficher dans Paris le Président avec une couronne sur la tête, assis sur un trône et un sceptre à la main accompagné de la terrible légende « *L'homme qui voulait être roi* »…

- Le contexte international extrêmement instable avec deux violents chocs pétroliers (celui de 1973, suite à la guerre du Kippour, et celui de 1979 déclenché par les problèmes politiques internes à l'Iran).

- Les déclarations de son Premier ministre Raymond Barre devant le Conseil économique et social en novembre, faisant référence avec objectivité et sincérité aux conséquences probables de cette situation internationale (« *Les années à venir, de 1981 à 1985, seront les plus dures que le monde aura connues depuis la fin de la Seconde Guerre mondiale. Dans ces conditions, le maintien du pouvoir d'achat*

© Groupe Eyrolles

est un objectif ambitieux que nous pouvons chercher à atteindre, et les circonstances internationales pourraient imposer d'y renoncer temporairement... »), traduites immédiatement dans la presse sous le titre « Barre demande aux Français de "se serrer la ceinture"... »

■ À propos de Raymond Barre, le livre de VGE, *Le pouvoir et la vie*[1], est très instructif et reflète bien la personnalité corticale gauche de l'intéressé... notamment un passage croustillant lorsqu'il évoque son ancien Premier ministre : *« Quand je l'ai nommé Premier ministre, en août 1976, alors qu'il était inconnu des Français, j'ai assorti sa désignation d'un commentaire à finalité explicative : "Raymond Barre, ai-je déclaré, est un des meilleurs économistes français." Mais un déclic a transformé l'expression en "le meilleur économiste de France". Ce n'est pas ce que j'ai voulu exprimer : à mes yeux, il existait d'autres grands économistes : Edmond Malinvaud, Jean Sérisé et, subsidiairement, moi-même. »* Heureusement qu'il y a le mot « subsidiairement » car le « moi-même » aurait pu être interprété par le lecteur comme d'un excès de prétention... ■

- L'absence de soutien de Jacques Chirac au deuxième tour des élections présidentielles de 1981 (oui, oui, le même qui avait monté le club des 43...) : *« J'appelle chacun à voter selon son âme et sa conscience. »*

- L'habileté de François Mitterrand : *« Giscard a présenté sa candidature, on attendait plutôt qu'il nous présente ses excuses. »*

... Cela faisait beaucoup, le premier de la classe était battu : *« Au revoir ! »*

---

1. Tome 3, Compagnie 12, 1988.

© Groupe Eyrolles

▪ LE MANAGER DOIT-IL ÊTRE CORTICAL GAUCHE ?

OUI, CAR IL DOIT COMPRENDRE ET FAIRE COMPRENDRE LES CONTINGENCES DE L'ENTREPRISE !

> *« Il faut s'interroger sur l'avenir car nous sommes condamnés*
> *à y passer le restant de nos jours. »*
>
> Woody Allen

Toute réflexion sérieuse sur le management d'aujourd'hui doit impérativement commencer par une bonne compréhension des mutations techniques, sociologiques, économiques, environnementales et politiques. En d'autres termes, pour comprendre le management, il faut comprendre l'entreprise ; pour comprendre l'entreprise, il faut comprendre l'économie ; pour comprendre l'économie, il faut comprendre le monde et sa géopolitique. Bref, pour être manager, il faut être « polytechnicien », au sens propre du terme. Mais cette « omniscience » ne suffit pas !

En effet, le changement n'étant accepté durablement que par des personnes qui ont compris pourquoi le contexte leur imposait de changer :

- Le manager doit s'évertuer, avec beaucoup de pédagogie, à expliquer à ses équipiers les réalités qui nous entourent.

- Le manager doit parler du monde, non pas tel qu'il devrait être (ou tel qu'il souhaiterait qu'il soit), mais du monde tel qu'il est et tel qu'il risque de devenir, même si l'avenir est plus difficile à prédire que le passé...

- Le manager doit parler de sujets qui fâchent et qui deviennent tabous lorsqu'ils sont évoqués en situation de crise : la concurrence, la mondialisation... Il est nécessaire, on le constate tous les jours, de développer la culture économique de nos collaborateurs, non pas forcément pour qu'ils l'acceptent, mais pour qu'ils la comprennent et qu'ils s'y adaptent.

- Le manager doit expliquer que la mondialisation n'est pas comme certains ont voulu le faire croire une option mais que c'est une

© Groupe Eyrolles

réalité, avec ce que cela comporte comme dangers et comme opportunités... que nous sommes finalement, qu'on le veuille ou non, dans un archipel économique pétri de métissages. La population française représente 1 % de la population mondiale et est donc entourée, que dis-je encerclée, de 99 % d'étrangers !

> *« Certains sont tellement xénophobes que lorsqu'ils sont à l'étranger, ils ne s'aiment plus. »*
> Raymond Devos

- Le manager doit rappeler que plus de 50 % des entreprises employant plus de 200 salariés ont au moins 50 % de leurs débouchés à l'international...

- Le manager doit insister sur le fait que, comme le disait le philosophe grec Héraclite, *« rien n'est permanent sauf le changement »* et que nous devons éternellement être en mouvement pour ne pas nous faire distancer. *« Better, faster, greener »*, telle est la devise de l'entreprise Aerolia qui l'a mis en pratique.

Je pense à cette histoire métaphorique que se plaisait à raconter, au début des années quatre-vingt, l'ancien président de Sony. C'était à la belle époque du Japon et des fameux cercles de qualité...

Pour symboliser cette course permanente que se livrent les compétiteurs mondiaux, vous imaginez un Américain et un Japonais perdus dans la jungle. Soudain, surgit un lion ! Nos deux amis se mettent à courir le plus vite possible pour échapper à ce terrible félin mais rien n'y fait… le mammifère carnivore se rapproche petit à petit…

Soudain, le Japonais cesse de courir et sort de son petit sac à dos une paire de baskets neuves et commence à les chausser. L'Américain, qui, lui, ne s'est pas arrêté de courir, lui crie par solidarité : « C'est inutile car même avec des chaussures de sport neuves, le lion courra plus vite que toi… » et le Japonais de lui rétorquer aussitôt, avec un regard malicieux : « Tu n'as rien compris. Le but n'est pas de courir plus vite que le lion… le but est de courir plus vite que toi ! » ▪

« Face au monde qui change, il vaut mieux penser le changement que changer le pansement. »
Francis Blanche

- Le manager doit expliquer qu'hier, la stabilité était la règle et le changement l'exception, mais qu'aujourd'hui, c'est l'inverse : que le monde change sans cesse et que la compétence d'aujourd'hui devient très vite, et sans prévenir, l'incompétence de demain ! Ce que déjà Lewis Caroll, dans *Alice de l'autre côté du miroir*, avait parfaitement compris : *« Ma fille, dans ce pays, il faut courir le plus vite possible pour rester à sa place. »*

- Le manager doit faire partager cette lucidité du contexte de l'entreprise, même si l'exercice est très difficile !

- Le manager doit faire comprendre à ses collaborateurs que si le monde n'est pas fait pour nous faire plaisir, et qu'« il n'est pas

© Groupe Eyrolles

une nursery », pour reprendre l'expression de Freud, c'est aussi un espace fertile en opportunités !

Un cortical gauche a, dans sa panoplie de qualités, celle de la lucidité. C'est un atout pour cette délicate mission d'explications. En revanche, la pédagogie n'est pas toujours son fort... Il faudra donc qu'il fasse probablement appel au talent d'un limbique droit pour faire passer certains messages...

OUI, CAR IL CARBURE À LA CONNAISSANCE...

> *« Qui ne continue pas à apprendre est indigne d'enseigner. »*
> Gaston Bachelard

> *« La connaissance est la seule chose qui s'accroît*
> *quand on la partage. »*
> Sacha Boudjema

Chaque jour qui passe est une opportunité d'en savoir plus et d'en diffuser plus. La recherche permanente de la connaissance, et donc de la compétence, n'est pas seulement une nécessité absolue du monde compétitif dans lequel nous vivons, mais peut être aussi, tout simplement, un état d'esprit. C'est souvent le cas du cortical gauche attisé par la curiosité. Le cortical gauche considère l'apprentissage de la connaissance, non pas comme une contrainte, mais comme un véritable plaisir. Sa quête personnelle du savoir est un élément supplémentaire de sa joie de vivre.

Pour mieux définir cette notion de désir, on pourrait presque emprunter à Freud la notion de « libido » de la connaissance. Cela ne passe pas forcément par un processus classique de formation. Les opportunités peuvent revêtir des formes beaucoup plus simples comme des rencontres, des livres, des journaux, des visites... Le cortical gauche aime, par exemple, aller chercher dans un dictionnaire la définition d'un mot ou regarder précisément sur une carte où se déroule tel événement d'actualité.

© Groupe Eyrolles

Cette philosophie « de la quête de connaissances » doit guider la relation que le manager entretient avec les membres de son équipe. *« Finding a better way every day »* est le slogan de General Electric C'est ce qu'on a maintenant coutume d'appeler l'*empowerment*, c'est-à-dire la volonté de faire grandir en connaissances, en confiance, en responsabilités, en autonomie et donc en compétences nos collaborateurs. *« Pour réussir dans la vie, il ne faut pas manquer d'AIR : Autonomie, Initiative et Responsabilité »*, dirait mon père, Fernand Demilly. Et Jack Welch dans le même esprit : *« Tout bien réfléchi, mon vrai métier, c'est d'enseigner. »*

Cela passe, par exemple, par la transformation de toute erreur constatée d'un équipier en opportunité pédagogique, car *« l'intelligence, ce n'est pas ne pas commettre d'erreurs, c'est découvrir comment en tirer la leçon »*, écrit très justement Bertolt Brecht. Souvent, dans un souci d'efficacité immédiate, la première réaction est de corriger le tir en « faisant à la place de ». Si cela peut naturellement s'avérer indispensable dans certains cas, il n'en reste pas moins vrai qu'il est primordial, à l'issue de cet épisode précipité, de consacrer un moment au collaborateur pour analyser conjointement ce qui s'est passé, comprendre l'erreur qui a été commise et ses conséquences, réexpliquer le processus et s'assurer de la compréhension de cette nouvelle version pédagogique.

Je précise « nouvelle version pédagogique » car chacun comprendra que dire la même chose en hurlant revient à considérer que l'erreur est liée à un problème d'audition et non de compréhension... Le manager doit donc avoir des qualités de pédagogue, et notamment des capacités tautologiques. (Si vous n'avez pas compris ce terme, j'espère que vous avez déjà sauté sur le dictionnaire... !)

Développer un état d'esprit formation dans l'entreprise, c'est aussi veiller à ce que certains ne jouent pas la carte dangereuse et auto-stratégique de l'indispensabilité... À commencer par le manager lui-même, qui, s'il est trop « marqué » cortical gauche, pourrait avoir tendance à ne pas partager ses connaissances et ses informations...

© Groupe Eyrolles

Le « trop d'importance » d'un des membres de l'équipe peut alors se transformer en « trop d'impotence » en cas de pépin (maladie, accident, démission ou tout simplement mauvaise humeur passagère…).

« Quand deux personnes qui se rencontrent ont chacune un œuf et qu'elles décident de se les échanger, elles repartent chacune avec un œuf. Quand deux personnes ont chacune une idée et qu'elles décident de se les échanger, elles repartent chacune avec deux idées. »

Proverbe chinois

Il faut donc, notamment aux postes clés, s'assurer d'une interchangeabilité minimum pour que l'institution ne soit pas menacée d'une situation de faiblesse si l'un des membres de cette équipe venait à s'éclipser du jeu. Cela peut vous apparaître comme une évidence absolue et pourtant… comme pour les assurances, il n'y a que lorsque le pépin surgit que l'on est satisfait d'avoir finalement investi en début d'année ! Que ce soit vis-à-vis d'un *process* complexe ou d'un simple code d'accès à l'ordinateur de votre assistante, soyez extrêmement prudent vis-à-vis des situations d'exclusivité de connaissances et de compétence !

© Groupe Eyrolles

Le manager doit donc organiser le jeu de façon à ce que l'avant-centre puisse, le cas échéant, être momentanément gardien de but et que l'arrière droit puisse en cas d'absolue nécessité jouer le rôle de milieu défensif ! Veillez donc à l'organisation de la compétence dans l'espace, mais aussi dans le temps car, dans le même ordre d'idées, un manager doit assurer la pérennité et donc la transmission du savoir.

Cela sous-entend d'anticiper les départs, notamment ceux qui sont prévisibles, et de planifier (sauf volonté délibérée de ne pas le faire) une période commune dans l'entreprise entre le partant et l'arrivant. Et si vous-même êtes dans ce cas, je vous invite, pendant cette période intermédiaire, à faire de votre futur remplaçant non pas votre n° 2, mais le n° 1 ! Mettez-le au front et soyez son coach en deuxième ligne, car c'est dans cette posture que vous l'aiderez le mieux. Rappelez-vous ce que dit un proverbe sénégalais : *« Un vieillard qui disparaît, c'est une bibliothèque qui brûle. »*

Vous l'avez compris, à travers ces quelques exemples, mon seul message est que le manager n'oublie pas d'ouvrir les fenêtres, qu'il fasse preuve, pour lui-même et ses collaborateurs, d'héliotropisme avec le soleil de la connaissance, qu'il veille à la pérennité du savoir dans l'institution et qu'il fasse en sorte, au niveau qui est le sien, que l'entreprise ne soit pas atteinte d'anorexie.

Bref, qu'il fasse sienne la dernière phrase du traité sur l'éducation de Jean-Jacques Rousseau, *L'Émile* : *« L'éducation réussie, c'est un individu autonome ! »*.

> En résumé, manager en cortical gauche, c'est analyser avec lucidité l'environnement mouvant de l'entreprise, c'est prendre rapidement les décisions qui en découlent et c'est veiller à la régénérescence perpétuelle, pour ses collaborateurs et soi-même, des connaissances, et donc des compétences.

© Groupe Eyrolles

5 ■

Zoom sur les limbiques gauches...

■ QU'EST-CE QU'UN LIMBIQUE GAUCHE ?

Organisés, pragmatiques, planificateurs (ils voudraient que le mot « imprévu » soit rayé du dictionnaire), perpétuellement angoissés, travailleurs, minutieux, attachés aux traditions (« on a toujours fait comme ça ! ») et aux valeurs ancestrales de la famille, du mérite et de l'équité, fidèles en amitié... et en inimitié..., « monochrones », méfiants, pudiques, autoritaires, tenaces, respectueux des règles et des lois (*dura lex sed lex*, ou du principe des 5C « C'est Con mais C'est Comme Ça ! »), dominant leur émotivité, fonctionnant de façon empirique...

À qui pensez-vous ? À Margaret Thatcher, « la Dame de fer », le pre-mier chef d'État européen en jupon, qui est arrivée au pouvoir sur la base d'un projet, « La loi et l'ordre », et d'un slogan, « La Grande Bretagne part à vau-l'eau », celle qui n'extériorisait jamais son affec-tion, sauf… devant les journalistes lorsque son fils Mark disparaît pen-dant six jours en Algérie dans le Paris-Dakar en janvier 1982 (obligeant le président Mitterrand à dépêcher trois avions militaires dans le Sahara pour mener des recherches), ou le 22 novembre 1990 lorsqu'elle annonce au gouvernement son intention de démissionner.

À Joseph Staline, de son vrai nom Joseph Vissarionovitch Djougat-chvili, « le Merveilleux Géorgien », « le Petit Père des peuples » ou, tout simplement, « le Roi du goulag » qui, dans une paranoïa jamais égalée, se méfiait de tout le monde, surtout des scientifiques dont il organisa « le procès des blouses blanches » pour déporter notam-

© Groupe Eyrolles

ment des milliers de médecins ? Celui qui, planificateur extrême, demanda sur son lit de mort, le 5 mars 1953, victime d'une hémorragie cérébrale, qu'on assassine sa maîtresse car il ne supportait pas l'idée qu'elle puisse se donner à d'autres... Une demande limbique gauche quasi posthume...

À Mikhaïl Gorbatchev ? Le prix Nobel de la paix et père de la Perestroïka (reconstruction, refonte), l'inspirateur de la Glasnost et président de l'URSS jusqu'au 25 décembre 1991, qui se convertira au limbique droit, habilement aidé en cela par le « diable boiteux » Alexandre Yakovlev, probablement à l'origine des bains de foule aux USA et du coup mémorable de la carte American Express chez Harrods... Aujourd'hui, notre ami Gorby s'est tellement pris au jeu qu'il est devenu ambassadeur publicitaire de la marque Vuitton.

■ L'ARCHÉTYPE DU LIMBIQUE GAUCHE : CHARLES DE GAULLE

Quelques indices justifiant ce positionnement :

- **Premier indice : son éducation stricte.** Les enseignements qu'il reçut chez les frères des écoles chrétiennes de Saint-Thomas d'Aquin, puis dans un collège jésuite, et enfin à l'école militaire de Saint-Cyr se résument parfaitement bien dans cette phrase que lui assénait son père Henri : *« L'honneur pour un homme, c'est comme la vertu pour une fille. Une fois qu'on l'a perdu, on ne la retrouve pas. »*

- **Deuxième indice : un solitaire maussade.** À celui qu'on surnommait « le Chêne » ou « Charles le solitaire », Emmanuel d'Astier ose un jour demander *« Mon général, êtes-vous heureux ? »*, ce à quoi il s'entend répondre : *« D'Astier, vous perdez la tête, vous savez bien que le bonheur n'existe pas ! »*. La remarque qu'il adressa promptement à Philippe Couve de Murville, son ministre des Affaires étrangères, de 1958 à 1968, qui avait osé parler

© Groupe Eyrolles

« d'États amis de la France » est du même tonneau : *« Un État digne de ce nom n'a pas d'amis ! »*

- **Troisième indice : un tempérament autoritaire.** Peu d'individus osent le contrer... sauf Pierre Brossolette qui lui envoie une lettre en 1942 chez lui, à Hampstead à Londres : *« [...] Il y a des sujets sur lesquels vous ne tolérez aucune contradiction, aucun débat même... Votre ton fait comprendre à vos interlocuteurs qu'à vos yeux, leur dissentiment ne peut provenir que d'une infirmité de la pensée ou du patriotisme... C'est pourquoi, je me permets de vous supplier de faire sur vous-même l'effort nécessaire, pendant qu'il en est encore temps... Il faut que vous ayez avec vos collaborateurs des rapports humains, que vous sollicitiez leurs conseils, que vous pesiez leurs avis... »*

Même Philippe, son fils qui voue à son père une admiration sans limite, reconnaît, de façon subliminale, dans son livre *Charles de Gaulle, mon père*[1], la raideur excessive de son père. Il se souvient, par exemple, de la gifle qu'il reçut pour avoir osé appeler son père par son prénom comme le faisait sa mère, la très réservée Yvonne.

- **Quatrième indice : un planificateur hors pair.** L'auteur de la célèbre maxime *« Avant l'heure, ce n'est pas l'heure ; après l'heure, ce n'est plus l'heure ! »* était intransigeant sur les horaires, et ce également dans la vie personnelle. Il suffit de poser la question à

---

1.   Paru chez Plon en 2003.

© Groupe Eyrolles

Joël Normand, ancien patron des cuisines de l'Élysée, qui a écrit un livre assez croustillant (c'est le cas de le dire...) sur les goûts culinaires des différents locataires du palais présidentiel. Dans son ouvrage *La Ve République aux fourneaux*[1], il rappelle que le grand Charles, s'il était peu exigeant sur les questions gastronomiques, l'était en revanche sur le respect des horaires : déjeuner à 13 h 10 et dîner à 20 h 15 ! D'ailleurs, si le fiston Philippe arrivait en retard, c'est simple, il était privé d'entrée...

Son goût pour la planification avait même parfois des côtés morbides. En pleine période de pessimisme *« qui aurait pu l'emmener plus loin »*, il fait parvenir, le 16 janvier 1952, la lettre testamentaire suivante à Georges Pompidou et à ses enfants, Élisabeth et Philippe : *« Pour mes obsèques, ma tombe sera celle où repose ma fille Anne et où un jour reposera ma femme. Inscription : Charles de Gaulle 1890-... rien d'autre. Une cérémonie extrêmement simple. Ni président, ni ministres, ni bureaux d'assemblées, ni corps constitués. Les armées françaises mais leur participation devra être de dimension très modeste, sans musique, ni fanfares, ni sonneries. Silence, ni discours, ni oraison funèbre. Des emplacements réservés seulement pour ma famille, mes compagnons membres de la Libération, le conseil municipal de Colombey... »* D'ailleurs, force est de reconnaître que son autorité même posthume fut incontestée puisque, lors de sa disparition en 1970, ses volontés datant de près de vingt ans furent respectées... à la lettre.

▦ On a connu mieux dans l'histoire européenne...

Le 25 septembre 1558, Charles de Habsbourg, plus connu sous le nom de Charles Quint, meurt. Rien de surprenant, c'est le destin de chacun... Sauf que, un mois avant sa mort, il avait décidé d'assister... à ses propres obsèques. Il les avait fait organiser exactement comme elles se dérouleraient quand il serait vraiment mort... Et il

© Groupe Eyrolles

---

1. Paru aux éditions de la Table ronde en 2000.

avait prié pour lui-même, pour le repos de son âme. Il s'était vêtu de noir avec un cierge à la main. Il faut dire que celui qui fut roi d'Espagne et de l'Amérique espagnole sous le nom de Charles 1er, duc de Brabant sous le nom de Charles II, roi de Sicile sous le nom de Charles IV et empereur du Saint Empire germanique sous le nom de Charles V (Quint équivalant à cinq en ancien français) était le fils de Jeanne la folle...

- **Cinquième indice : un homme pragmatique.** Ce pragmatisme, on le ressentait surtout dans son besoin de toucher au plus près la réalité de la France. Il allait beaucoup sur le terrain dans tous les coins de l'hexagone. *« Il n'y a pas de politique qui vaille en dehors des réalités. »* À elle seule, cette phrase résume parfaitement bien l'homme qui ne cherche pas à plaire mais qui recherche avant tout la vérité et l'efficacité. *« Le réel, c'est quand on se cogne »*, rappelle Jacques Lacan.

  Il parlait simplement et effectivement très souvent de façon laconique : *« Il faut parler peu mais juste, ne pas se perdre dans le verbiage, même s'il est brillant. Chez l'homme de valeur, la parole doit être laconique et la réflexion concentrée »*, même si son côté pédagogue l'amenait à faire de la rhétorique en abusant parfois de certains truismes : *« Les choses étant ce qu'elles sont... L'avenir est devant nous... La France est la France et les Français sont les Français. »*

- **Sixième indice : il savait être froid, hautain et parfois cynique.** Vous avez dit « froid » ? Le 26 août 1944, pendant la folle journée de la Libération de Paris, quand des tireurs isolés ouvrent la fusillade sur le peuple accouru pour l'applaudir et que les gens se jettent à terre, lui, une cigarette au coin des lèvres, déclare : *« Qu'est-ce que c'est que ce tumulte ? »* Vous avez dit « hautain » ? En 1924, le capitaine Chauvin avait confié à de Gaulle : *« Mon cher, j'ai ce curieux sentiment que vous êtes voué à un très grand destin »*, ce à quoi le capitaine de Gaulle répondit : *« Oui, moi aussi... »* À Brazzaville, en 1941, à une dame qui s'inquiétait pour lui de voir autant de moustiques : *« Madame, les mousti-*

© Groupe Eyrolles

ques ne piquent pas de Gaulle... » En 1946, en réponse à une proposition de décoration le concernant, il rétorque à Edmond Michelet : *« On ne décore pas la France... »* Vous avez dit « cynique » ? Le 6 décembre 1965, au lendemain des élections où de Gaulle fait, au premier tour, 45 %, Mitterrand 32, Lecanuet 15,5 et Tixier Vignacourt 5, il déclare : *« Puisque les Français m'ont mis en ballottage avec une marque de dentifrice, un politicien intelligent mais douteux et un hurluberlu, il faut que je m'en aille. »*

■ LE MANAGER DOIT-IL ÊTRE LIMBIQUE GAUCHE ?

OUI, CAR IL FAUT CLARIFIER CERTAINES RÈGLES DU JEU COLLECTIF !

> *« Allons vers le management compliqué*
> *avec quelques idées simples... »*
> Histoire de paraphraser Charles de Gaulle

Le style de management d'une collectivité d'hommes et de femmes diffère selon les entreprises, les marchés, les critères sociologiques des collaborateurs, les histoires et les cultures d'entreprises... Mais il y a, me semble-t-il, quelques idées de bon sens à ne pas ignorer et quelques points cardinaux simples à ne pas perdre de vue pour s'orienter dans l'univers de la gouvernance.

Il va falloir trouver, en permanence, le point d'équilibre entre, d'une part, l'ordre nécessaire (et parfois étouffant...) et, d'autre part, le désordre créateur ! Ce point d'équilibre n'est pas facile à trouver (les parents connaissent bien le sujet) :

- S'il y a trop de règles, ce qui correspond à une rigidité limbique gauche excessive, on fige le système, on bureaucratise le fonctionnement de l'équipe, on sclérose l'initiative, on crée des barrières entre les acteurs d'un même film et on tue la fantaisie... C'est ce que mon collègue de l'Association Progrès Management,

Patrick Lemattre, professeur à HEC, appelle la vision horlogère du management.

- Mais s'il n'y a pas assez de règles, ça part dans tous les sens, tout le monde fait tout ou un peu de tout… et on s'expose au capharnaüm, c'est l'effervescence excessive du cortical droit… Or, on ne construit pas du « vivre ensemble » sur de la confusion.

Pour reprendre une expression chère à Jean-Jacques Rousseau, il faut que le contrat social entre le manager et le collaborateur soit clair, c'est-à-dire connu et compris. Les « règles du jeu » au sein de l'entreprise ne doivent pas être sous-entendues ou implicites. Ces règles, par ailleurs évolutives, qui touchent à la définition de fonction, aux consignes de sécurité, aux horaires, au respect de la charte qualité et environnementale…, doivent être clairement exprimées et leur compréhension vérifiée. Les règles du jeu n'ont de sens que si elles sont connues, comprises, partagées et respectées.

Pour autant, il est essentiel de rappeler que l'action doit être orientée « résultats » et non « tâches ». Faire n'est pas une fin en soi… c'est l'atteinte du résultat qui en est une. L'important reste la ligne d'arrivée ! « Se tuer à la tâche » n'est pas ce que l'on demande. C'est la culture du résultat qu'il faut insuffler à nos équipes. Comme le dit très bien mon ami consultant burkinabé Karim Traoré : *« Il nous faut, dans nos entreprises, non pas des tâcherons mais des résulteurs ! »* Tout cela est d'une telle évidence que j'en suis gêné de devoir l'écrire… Mais c'est le socle sur lequel doit se construire la relation professionnelle, alors ne craignons pas de rappeler des banalités.

OUI, CAR ON NE BADINE PAS AVEC L'EXEMPLARITÉ, MÈRE DE L'EXIGENCE…

> *« Donner des leçons de morale n'a jamais été une preuve de vertu. »*
> Tzvetan Todorov

© Groupe Eyrolles

Il est essentiel que le manager montre l'exemple, qu'il ne se contente pas de dire les règles et de veiller à les faire respecter, il doit lui-même les appliquer. Il ne faut pas rester dans l'incantation, il faut montrer l'exemple. Et, en la matière, l'exemple n'est pas le meilleur moyen de communication, c'est le seul !

L'idée est donc connue, il reste à la transcrire dans le geste. Quand un manager ramasse un papier par terre, il est dans le geste... *« Quand le chef crie "en avant !", il ne suffit pas qu'il change de pied ! »*, disait Georges Clemenceau. C'est toute la définition de l'exemplarité, vertu essentielle pour bâtir la crédibilité d'un manager. Le *« faites ce que je dis, pas ce que je fais »* est destructeur.

> *« Si on devait tolérer aux autres tout ce qu'on se permet à soi-même, la vie ne serait plus tenable. »*
> Georges Courteline

Comment pouvez-vous légitimement reprocher à l'un de vos collaborateurs le non-port du casque si vous-même entravez régulièrement cette règle de sécurité élémentaire lorsque vous vous promenez sur le chantier ? Comment pouvez-vous légitimement reprocher à l'un de vos collaborateurs de se garer sur un emplacement réservé à la clientèle s'il n'est pas rare d'y croiser votre berline ? Comment pouvez-vous légitimement reprocher à une collaboratrice son humeur désagréable si vous-même omettez quotidiennement de saluer les salariés que vous croisez ?

© Groupe Eyrolles

OUI, CAR IL FAUT DE L'AUTORITÉ… SANS LA CONFONDRE AVEC L'AUTORITARISME…

> *« Chef est un qualificatif de cuisinier. »*
> Adolphe Thiers

« Asseoir son autorité », quelle drôle d'expression ! Pourtant, cette image illustre très bien ce que sous-entend l'autorité : posée, calme et réfléchie. C'est tout le contraire de l'agitation, de l'excitation et du bruit, d'avantage synonyme de manifestations de pouvoir :

- L'autorité est une réalité de leadership plus passive, plus féminine, plus zen et plus patiente. L'autorité, c'est l'explication, l'implication, l'association, l'art de convaincre, c'est entraîner, inspirer et donner confiance.

- Le pouvoir est, *a contrario*, une approche de leadership plus virile, plus masculine, plus stressante et plus impatiente. Le pouvoir, c'est l'injonction, la contrainte, le tutoiement non réciproque, les pieds sur la table, l'intimidation, la peur, la culpabilisation, la recherche d'obéissance et la demande de soumission…

© Groupe Eyrolles

> *« Il y en a qui sont fait pour commander, d'autres pour obéir.*
> *Moi, je suis fait pour les deux ; ce midi, j'ai obéi à mon instinct*
> *en commandant un deuxième pastis. »*
>
> Pierre Dac

Je ne vous surprendrai pas en vous disant que le management par l'autorité me semble préférable au management par le pouvoir ! Il ne faut pas préférer le confort de contraindre à l'obligation de convaincre. Certes, c'est plus long mais c'est plus solide et surtout c'est plus agréable pour tout le monde...

La seule difficulté, mais quelle difficulté..., est que l'autorité ne se décrète pas ! Elle se gagne dans le temps par des comportements eux-mêmes générateurs de crédibilité, de confiance et de respect des particularismes tels que ceux évoqués à travers les quatre quadrants du modèle Herrmann. Quand un homme ou une femme prend un poste « à responsabilités » dans l'entreprise, cette nomination ne lui confère aucune autorité. Elle ne lui octroie, le cas échéant, que du pouvoir ou, plus exactement, des pouvoirs.

Ce pouvoir, que matérialise notamment l'organigramme, sera naturellement parfois utile dans la relation managériale. Les « praticiens » de la responsabilité savent bien que tout n'est pas aussi simple et qu'il est parfois nécessaire de taper du poing sur la table et de rappeler quelques fondamentaux... Pour autant, il est sain de miser davantage sur l'autorité que sur l'autoritarisme et le pouvoir !

> En résumé, manager en limbique gauche, c'est donc organiser, planifier, contrôler et, tout en étant exemplaire sur le sujet, veiller au respect scrupuleux de valeurs et de règles essentielles au bon fonctionnement de l'équipe.

© Groupe Eyrolles

6

Zoom sur les limbiques droits...

■ QU'EST-CE QU'UN LIMBIQUE DROIT ?

« On ne voit bien qu'avec le cœur, l'essentiel est invisible pour les yeux. »
Antoine de Saint-Exupéry

Spontanés, directs, se confiant assez facilement, ils n'aiment pas le conflit et recherchent l'acquiescement. Ils ont, selon Daniel Goleman, une véritable *« intelligence émotionnelle »* et, selon Woody Allen, *« un ordinateur poitrinaire »* performant.

Romantiques, sentimentaux, sensibles à l'ambiance, les limbiques droits aiment être aimés, sont assez susceptibles, réagissent donc mal aux critiques et s'inquiètent assez facilement de ce qui se passe mal ou de ce qui pourrait mal se passer...

Charmeurs, séducteurs, loquaces, prolixes, parfois spiritualistes, très à l'écoute, ce sont de vrais pédagogues qui savent communiquer de façon empathique avec simplicité et conviction. En management, ils donnent parfois dans le copinage avant de le regretter… Ils peuvent être triplement victimes de leur gentillesse excessive :

- Altruistes indécrottables et s'excusant tout le temps, ils cherchent d'abord à satisfaire les besoins des autres, parfois au détriment des leurs, ce que nous pourrions qualifier d'« amour oblatif ».

- Miséricordieux dans l'âme, ils ont tendance à toujours tout excuser et tout pardonner… et à se faire avoir.

- Secouristes à tout va, ils ne savent pas dire non et nombreux sont ceux qui abusent de cette bonté sans limite. Ils accumulent alors les singes des autres, pour reprendre l'illustration très métaphorique de Kenneth Blanchard. Finalement, on est proche d'un autre syndrome, celui de Stockholm, du nom de l'affection qui amène, dans certains cas, les otages à tomber amoureux de leurs ravisseurs… Là le ravisseur, c'est celui qui vous vole du temps car il vous déleste ses problèmes et une partie de son travail…

À qui pensez-vous ? À Woody Allen, probablement… ou en tout cas à l'image qu'il donne de lui dans ses films…

Petite histoire[1] à l'intention des limbiques droits trop transparents n'hésitant pas à informer le monde de leurs petits problèmes personnels

« Un curé va à l'église. En chemin, il entend "cui-cui", il se penche. C'est un oiseau qui a l'aile cassée. Comme il fait froid, le curé le pose au milieu d'une bouse de vache chaude. L'oiseau, réchauffé, se met à piailler de plus belle. Un renard passe, l'entend, l'attrape et le mange.

Première morale de l'histoire : quelqu'un un qui vous met dans "la merde" ne vous veut pas forcément du mal.

Deuxième morale : quelqu'un qui vous sort de "la merde" ne vous veut pas forcément du bien.

Troisième morale : quand vous êtes dans "la merde", taisez-vous ! »

---

1. Dans *La tragédie du Président* de Franz-Olivier Giesbert (Flammarion, 2006).

© Groupe Eyrolles

◼ L'ARCHÉTYPE DU LIMBIQUE DROIT : GEORGES JACQUES DANTON

- **Premier indice : c'est un communicateur-né.** Georges Jacques Danton, né à Arcis-sur-Aube en 1759, sera comme son père, qu'il a d'ailleurs perdu à l'âge de 2 ans, avocat. Bien qu'inscrit au barreau de Paris, et installé dans le quartier des Halles, rue des Mauvaises-Paroles (aujourd'hui disparue, cette rue était proche de la rue de Rivoli...), il ne plaide pas souvent, préférant à cela la fréquentation des cafés et la discussion avec ses amis, futurs révolutionnaires.

- **Deuxième indice : un homme doué pour la politique.** Président du district des Cordeliers, le plus actif et le plus révolutionnaire des districts de Paris, Danton figure, dès les débuts de la constituante, dans toutes les agitations de la capitale. Il commence très jeune puisque, en juillet 1790, âgé de 31 ans, il se porte candidat à la mairie de Paris mais échoue face à Bailly. Notre Champenois poursuit sa carrière politique et devient ministre de la Justice du conseil exécutif provisoire avant de devenir député de Paris à la Convention.

- **Troisième indice : un orateur théâtral.** Siégeant avec les Montagnards, il déploie à de très nombreuses reprises ses talents oratoires. Que ce soit en tant que ministre ou député, Georges Jacques Danton est un tribun passionné. Frédéric Bluche, dans une biographie qu'il lui consacre, résume tout cela en quelques mots : *« Danton déclame avec emphase, gestes théâtraux à l'appui. »*

Les exemples d'emportements, souvent démagogiques, ne manquent pas. Rappelez-vous son célèbre discours contre le général Lafayette où il annonce avec fatuité : *« Je parlerai comme si je burinais l'histoire pour les siècles à venir. »* Rappelez-vous sa brillante intervention ministérielle à l'Assemblée le 2 septembre 1792, après avoir appris que Verdun était tombé et que l'ennemi

© Groupe Eyrolles

pouvait être à Paris sous trois jours, où il déclara avec force pour secouer les énergies défaillantes : « *La patrie va être sauvée ! Tout s'émeut, tout brûle de combattre ! Il nous faut de l'audace, toujours de l'audace, encore de l'audace, et la France est sauvée !* » Rappelez-vous cette célèbre sortie à l'Assemblée le 13 août 1793 : « *Après le pain, l'éducation est le premier besoin du peuple.* » Ou encore celle qui a marqué les esprits de la période révolutionnaire : « *Soyons terribles pour dispenser le peuple de l'être.* » Même lors de son procès, en avril 1794, où il est accusé par son collègue régicide Robespierre de malversation et de trahison, il jettera aux jurés, alors qu'il est interrogé sur son nom et sa demeure : « *Ma demeure, bientôt dans le néant, ensuite dans le Panthéon de l'histoire.* »

- **Quatrième indice : un excessif.** En 1793, Danton fait exhumer sa femme sept jours après sa mort afin de faire réaliser le moulage de son buste… rien ne l'arrête ! À Madame Roland (de son vrai nom Manon Philipon), qui, rédigeant ses mémoires peu avant de mourir sur l'échafaud, dressait un portrait acide en le présentant comme un « *misérable avocat, chargé de dettes plus que de causes, se faisant remarquer par la force de ses poumons…* », il répondait qu'il n'avait que faire des propos de cette « salope chaste ».

Même à la dernière seconde du dernier jour de sa vie qui n'aura duré que trente-quatre ans, l'ami du peuple déclare au bourreau Sanson « *Tu montreras ma tête au peuple, elle en vaut la peine* », ce qui fera dire à son ami Camille Desmoulins qui subira le même sort quelques instants plus tard : « *Comme le Nil, il n'est jamais si beau que dans ses débordements.* » Comme le résume très bien à nouveau Frédéric Bluche : « *Le sang qui coule dans ses veines est un sang chaud dont les impulsions sont parfois incontrôlables.* »

© Groupe Eyrolles

■ LE MANAGER DOIT-IL ÊTRE LIMBIQUE DROIT ?

OUI, CAR IL DOIT TRANSFORMER LES RESSOURCES HUMAINES QUI L'ENTOURENT EN RICHESSES HUMAINES !

Ce fut un des points de départ de mon introduction : il y a autant de comportements à manager qu'il y a de collaborateurs... et peut-être plus si l'on part du principe qu'un même individu change dans le temps et parfois plusieurs fois dans la même journée. On est donc aux antipodes de l'analyse binaire développée, en 1957, par Mac Gregor dans sa théorie X et Y, classant, d'un côté, les fainéants irréductibles, égocentriques, n'aimant pas le changement, fuyant les responsabilités, ayant besoin de consignes strictes, de contrôles et de sanctions (théorie X) et, de l'autre, ceux touchés par la grâce de la motivation, gourmands d'autonomie et de responsabilités, capables d'autocontrôle et créatifs (théorie Y).

Il est illusoire de vouloir établir un classement des comportements, aussi fin soit-il. Cependant, il est intéressant, sur le plan pédagogique, de tenter d'esquisser une analyse des grandes familles rencontrées dans l'univers professionnel. Des matrices, il en existe des dizaines, peut-être des centaines à travers le monde. Chaque consultant qui anime un séminaire sur le sujet des relations humaines a sa propre batterie d'inventaires de personnalité et ses propres grilles d'analyse matricielle.

Celle que je vous propose est tout sauf scientifique mais elle est tellement parlante pour les stagiaires à qui je l'ai présentée que je souhaite vous la décrire... au risque de choquer les grands théoriciens du management. Elle m'a été soufflée par Alain Vrignaud qui m'a aidé à faire mes premiers pas de consultant et à aimer ce métier :

- L'abscisse mesure la tendance antagoniste du collaborateur. Autant dire que la pointe extrême représente celui qui est perpétuellement en opposition, non pas contre ce que vous faites ou ce que vous dites... mais contre vous et ce que vous représentez.

© Groupe Eyrolles

- L'ordonnée mesure la tendance synergique du collaborateur. Autant dire que la pointe extrême représente celui qui vous fait preuve d'un tel dévouement que cela en devient gênant...

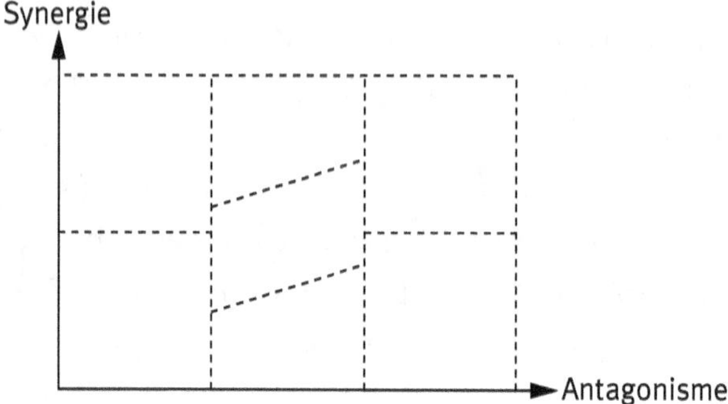

Les termes choisis pour présenter les sept familles de cette matrice sont aussi réducteurs que provocateurs !

Première famille : les « Bof »

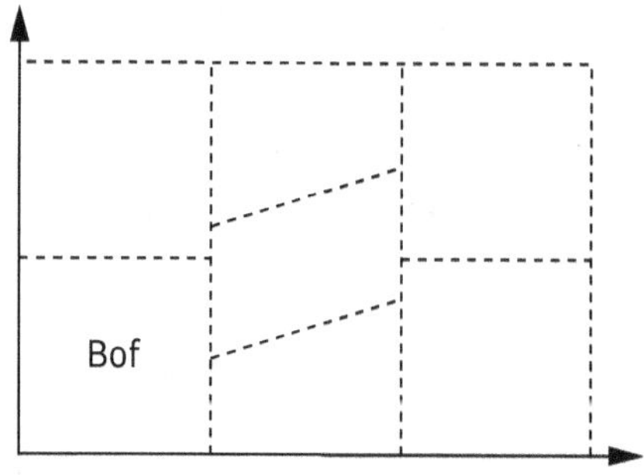

« *Les spectateurs n'ont jamais gagné de bataille.* »

Goethe

Cette interjection exprimant la lassitude est très révélatrice de l'énergie diffusée par notre premier portrait type. Quand on le croise, on a envie de crier, comme l'a fait l'adjudant Péricard le 08 avril 1915 : « *Debout les morts !* » À cet appel, les soldats, qui

© Groupe Eyrolles

étaient pourtant exténués, se levèrent et chassèrent l'ennemi. Cela nous rappelle également 1796 et la campagne d'Italie. L'armée française est bloquée dans la traversée d'un affluent de l'Adige, devant le pont d'Arcole. Face à elle, se trouve l'armée autrichienne, supérieure en nombre et en puissance de feu. Plusieurs attaques se soldent par des échecs et de nombreuses pertes. On appelle Bonaparte, qui, après avoir inspecté la situation, s'empare d'un drapeau, se met à courir sur le pont en criant : *« Suivez-moi ! »* Miracle, l'armée le suit, et les Autrichiens, tétanisés par cette audace, laissent les Français s'emparer du pont. Ce fait d'armes galvanise l'armée française et, en deux jours, la bataille d'Arcole est gagnée.

« C'est un leurre de croire que des gens moyens ne sont capables que d'actes moyens », écrivait Georges Bernanos. Il n'en reste pas moins vrai que cette stratégie incantatoire ne gagne pas à chaque coup. D'abord, nos entreprises ne bénéficient pas (et heureusement...) d'un management d'inspiration militaire et, ensuite, malgré tout le respect que j'ai pour vous, chers lecteurs, vous n'êtes ni Péricard, ni Bonaparte (je vous taquine...).

Revenons-en à notre « bof » qui n'a à donner que son temps et un présentéisme passif. Quand j'en croise un, je ne résiste pas à l'envie de m'interroger sur l'origine de cette apathie. Est-ce un lymphatisme naturel ou une nonchalance virale ?

Pour le dire autrement, sommes-nous face à un « bof » pathologique et irréversible qui a franchi le portique du recrutement sans que le système de détection ne signale

aucune anomalie, ou sommes-nous face à un « bof » victime d'un management « boffisant » et donc d'un manager « boffiseur » ? Je sais, je vais un peu loin dans mes propos… Il n'en reste pas moins vrai que je suis persuadé qu'il y a des managers qui, inconsciemment, par leurs attitudes irrespectueuses, abaissantes ou humiliantes, par leurs remarques publiques déplacées, par une utilisation abusive et malvenue de leur pouvoir, par leur silence radio devant la réussite de l'équipe qui s'est pourtant « défoncée », bref par un management destructeur, façonnent (pour ne pas dire fabriquent) des comportements neurasthéniques « bofs ». D'ailleurs, quand un responsable opérationnel ou fonctionnel dans une entreprise m'annonce tout de go : *« Votre matrice est très claire, je n'ai que des bofs dans mon équipe… »*, j'ai une petite idée sur l'origine virale de cette épidémie… Comme le faisait remarquer un participant à une de mes conférences : *« Quand on prend les gens pour des imbéciles, on n'est jamais déçu du résultat… »*

Deuxième famille : les « Yes Men »

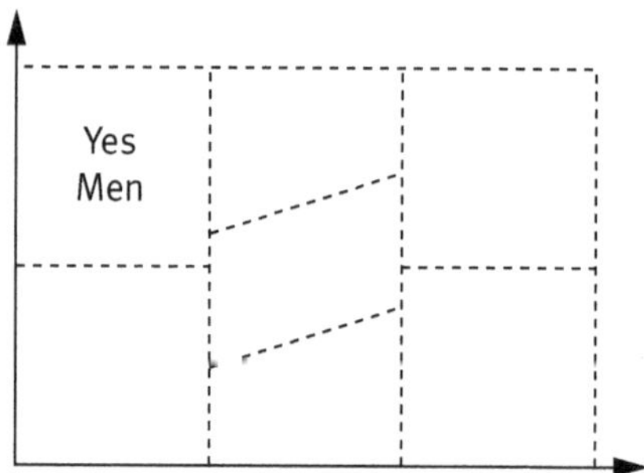

« On finit toujours par mépriser ceux qui sont trop facilement de notre avis. »

Jules Renard

Le « yes men » est un légitimiste, ayant abdiqué toute valeur critique, devenu adepte du suivisme, par goût, par choix ou par obliga-

© Groupe Eyrolles

tion. C'est le plus fidèle allié de l'entreprise, il vit par et pour elle. Cependant, l'histoire nous enseigne que la bonne volonté aveugle du « scout toujours prêt » peut parfois faire autant de dégâts que la méchanceté. Il suffit de relire les terribles expériences menées par Stanley Milgram à l'université de Yale sur la soumission à l'autorité pour s'en persuader...

Voyage au pays des différents « yes men » :

- **Le « yes men » naturel : sa soumission est spontanée.** Comme chez les couturiers, patron est synonyme de modèle. On retrouve chez lui divers degrés de soumission : idolâtrie, fanatisme, intégrisme, vénération, fascination, adoration, adulation, déification, servilité, psittacisme, dévotion, révérence, dévouement, déférence, respect, estime, docilité... *« Quand le doigt montre la lune, l'imbécile regarde le doigt »*, dit un proverbe chinois. Dans le monde politique que je pratique un peu, on utiliserait le terme de « Godillot » pour définir, de façon familière, les parlementaires inconditionnels... André Santini le dit autrement : *« Il n'y a que les poissons morts qui vont dans le sens du courant... »*

Le yes men naturel ne renvoie pas de *feedback*, il accepte les sermons. C'est Bossuet qui disait aux rois : *« Vous êtes des dieux. »* La France reste le pays de Rabelais... Il avait tout dit quand il dénonçait le panurgisme qui conduit le mouton à *« toujours suivre le premier, quelque part qu'il aille »*.

De très nombreux managers sont persuadés qu'ils sont bons dans

© Groupe Eyrolles

leur job car ils ont fabriqué des prototypes et ensuite démultiplié ce type de comportement dans l'équipe dont ils ont la responsabilité. Ils ont tort. Ce type de leadership permet certes de gagner des batailles mais sûrement pas des guerres. Écoutons plutôt Ablassé Ouédraogo, ancien ministre des Affaires étrangères du Burkina, ancien directeur général adjoint du FMI dans cette tribune[1] : « *Au lieu de recruter et de nommer les collaborateurs parce qu'ils ont la compétence la plus appropriée pour assumer pleinement les responsabilités qu'impose le poste, la tendance observée est de faire appel à des femmes et à des hommes sur une base subjective et personnelle en mettant en avant le critère d'allégeance, de docilité et du "larbinisme". C'est la peur pour leurs positions qui fait que ces dirigeants ne souhaitent pas avoir à leurs côtés des collaborateurs plus qualifiés et à même de leur faire entendre un autre son de cloche que ce qu'ils souhaitent entendre. Cela relève d'une forme spéciale du complexe de l'incompétence et de la médiocrité avec en sus une phobie de la contradiction, surtout quand celle-ci vient de leur entourage immédiat ou des médias.* »

Le manager a tout intérêt à valoriser chaque initiative, fut-elle modeste, d'empiétement dans le territoire de l'antagonisme constructif... et notamment quand il remarque qu'un collaborateur peut donner plus que sa bénédiction permanente.

- **Le « yes men » stratégique : sa soumission est calculée.** Voilà un « yes men » qui manie la brosse à reluire à la perfection, c'est un flatteur permanent... On trouve également dans cette famille divers degrés de soumission habile : la rouerie, la cautèle, le patelin, l'hypocrite, le mielleux, le flatteur, l'obséquieux, la flagornerie, le lèche-cul (désolé mais c'est vrai !)... Souvenez-vous de La Fontaine : « *Tout flatteur vit aux dépens de celui qui l'écoute.* »

---

1. Relevée dans *Jeune Afrique* d'octobre 2007.

© Groupe Eyrolles

- **Le « yes men » pas le choix : soumission imposée.** Celui-là n'a pas opté pour la servilité, il la subit car il n'a pas le choix. Il vit très mal cette oppression, il se tait, il prend sur lui, consomme ses médicaments contre un ulcère à l'estomac et décompte les heures, les jours et parfois les années... Il est obligé de dire qu'il pleut même s'il fait beau... Parfois, avec le temps, il s'est bâti une telle carapace qu'il est devenu hermétique aux remarques désagréables, aux critiques incessantes et aux humiliations quotidiennes. Un jour, la roue tournera et la rancœur frappera : *« Les dictatures fomentent l'oppression, la servilité... et la cruauté »*, rappelle Jorge Luis Borges.

Troisième famille : les « Non Mais »

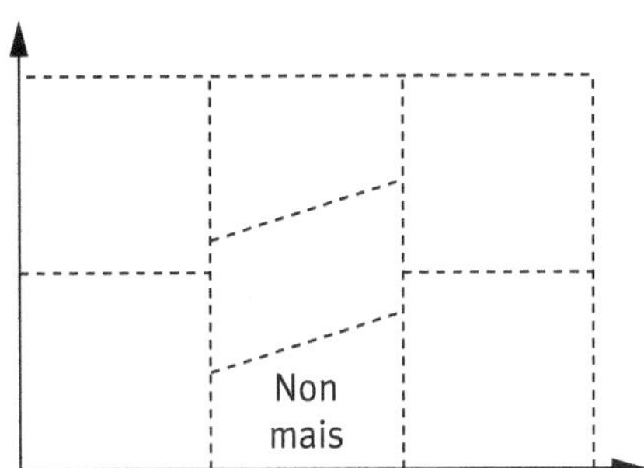

On aurait pu également l'appeler *« le thermostat revendicatif »*. C'est ainsi qu'Édouard Balladur, alors conseiller social du président Georges Pompidou, appelait en 1968 le syndicaliste André Bergeron, un homme pour lequel j'ai beaucoup d'admiration. J'ai eu l'occasion de l'accueillir, il y a quelques années, dans un de mes cours à l'Institut de gestion sociale de Paris et je ne peux que vous recommander un de ses ouvrages intitulé *Je revendique le droit au bon sens*[1]. C'est un titre qui caractérise parfaitement le personnage. Alors, pourquoi « thermostat revendicatif » ? Tout simplement

© Groupe Eyrolles

1.	Édité chez Liana Lévi en 1996.

parce que c'est un trait d'union entre le « bof » spectateur et l'infatigable et insatiable antagoniste et qu'à ce titre, il est un véritable clignotant social de l'entreprise.

Une présence chez les « non mais » peut s'expliquer de différentes façons. Cela peut être lié à une déception professionnelle qui a généré cette amertume, c'est peut-être le fruit d'un tempérament prudent ou pessimiste, c'est peut-être le résultat d'une acrimonie ciblée vis-à-vis d'un responsable hiérarchique… Les explications peuvent être très variées. La traduction comportementale peut, elle aussi, revêtir différentes formes. On y trouve :

- Le râleur endurci, le ronchon, qui, à l'image des grognards du Premier Empire, avance quand même…
- Celui qui n'ose pas se mettre en première ligne mais qui, n'en pensant pas moins que son voisin de droite (sur la grille…), mènera une résistance passive discrète en évitant d'être sur la photo.

*« Deux pessimistes se rencontrent. Le premier dit au second :
"Et si on créait un club de pessimistes ?" Et l'autre de répondre :
"Non, ça ne marchera pas !" »*
Histoire racontée par un ami burkinabé

- Celui que la vie professionnelle a usé et aigri.
- L'insatisfait chronique, qui passe son temps à se lamenter, à grommeler, à rouspéter, à maugréer et à geindre (un « plaigneux », comme on dit en picard).

Quatrième famille : les « Niet »

« Ma réponse est non ! Quelle était votre question ? »
À vous de deviner...

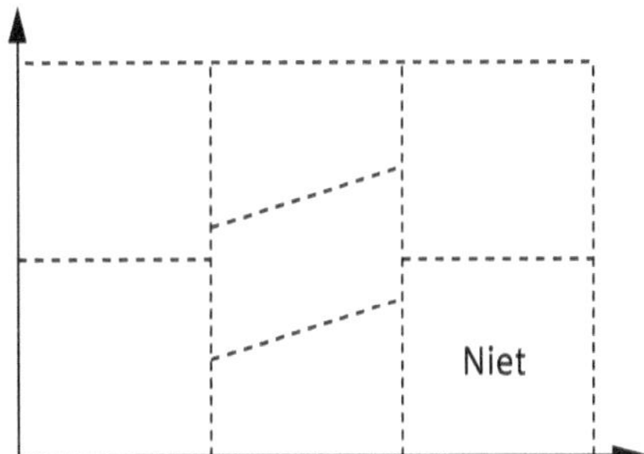

Ce mot n'est pas sans nous rappeler le coup de colère de Nikita Sergueïevitch Khrouchtchev à la tribune de l'ONU qui, voulant se faire entendre et comprendre, avait frappé violemment sur le pupitre avec sa chaussure en hurlant au public médusé « *Niet !* » Ce qui lui valut d'abandonner pendant quelque temps son surnom de « Monsieur K » pour prendre celui de « Monsieur Niet ».

Pourquoi choisir un mot aussi violent ? Tout simplement pour montrer le caractère définitif et irréversible du positionnement. Autant, dans le « non », on peut trouver un « oui » dissimulé ou un « oui » qui se fait prier... autant, dans le « niet », il n'y a aucune molécule d'acquiescement. Le « non » est réfléchi, raisonné et « récupérable ». Le « niet », lui, est pulsionnel et définitif !

On distingue trois grandes familles de « niet ».

- **Le « niet » statutaire : non parce que c'est non !** Une opposition sans proposition n'est qu'un mouvement d'humeur... mais, en ce qui le concerne, ce mouvement d'humeur dure et ne relève pas du conjoncturel mais du structurel ! Au risque d'être taxé d'« anti-syndicaliste primaire », force est de reconnaître que, parfois, l'attitude de certains représentants syndicaux ou politiques, y compris (et surtout...) au plus haut niveau, n'en est pas loin... On passe parfois d'ailleurs d'opposition radicale à opposition ridicule !

  Si cet « anti-tout » a pour vocation d'entraîner ses collègues sur le chemin de la haine et de « casser la boutique », il faut absolument faire en sorte que ses incantations destructrices n'aient pas d'écho, comme le cri d'un canard. Sinon, le blettissement va rapidement se propager...

- **Le « niet » ça me dépasse !** Il considère que les évolutions sont trop rapides, que finalement le passé avait du bon... On est dans le cas typique de la fracture générationnelle qui, dans une entreprise, peut opposer « les anciens », « la vieille école » à des « speedy managers » rompus aux nouvelles technologies et au tutoiement rapide...

- **Le « niet » antipode !** Son opposition n'est pas liée à une quelconque défense des acquis ou à une frustration d'incompréhension devant la surprenante modernité... Elle l'est par idéologie, il croit en autre chose, il pense différemment... et cette croyance et cette pensée sont aux antipodes de ce qui lui est proposé. Il

© Groupe Eyrolles

combat donc l'existant afin de faire table rase du passé et de construire un avenir meilleur. C'est un « alter penseur »...

Cinquième famille : les « Joueurs »

> « Un égoïste, c'est quelqu'un qui ne pense jamais à moi. »
> Coluche

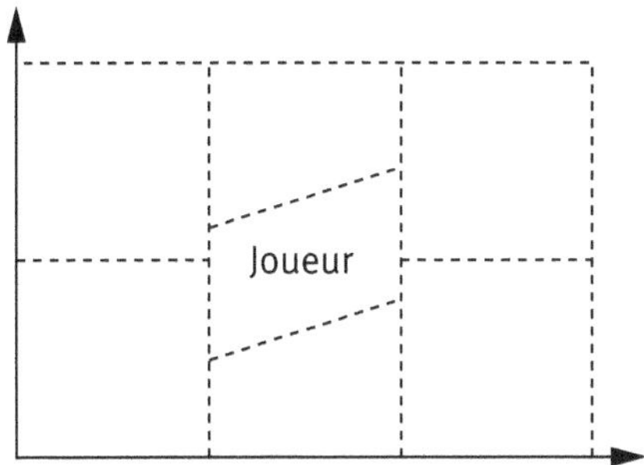

La trajectoire professionnelle du « joueur » est avant tout une trajectoire personnelle. C'est tout sauf un philanthrope, et son adhésion « synergique » ne relève pas d'une démarche altruiste vis-à-vis de ses collègues de travail ou d'une affection effrénée pour son patron ou son entreprise, elle relève d'une stratégie personnelle qui consiste à donner pour mieux recevoir...

L'institution est là pour le servir et non le contraire. Il n'a pas d'éthique, c'est un opportuniste dont l'intérêt personnel déclenchera de sa part des attitudes régulières de négociation, d'échange, de troc et de « donnant-donnant »... À défaut de tractation satisfaisante, il pénétrera la zone d'antagonisme de façon visible mais jamais dans l'excès, sa sagesse commerciale lui rappelant qu'il ne faut pas compromettre les lendemains.

Sixième famille : les « Chiens Fous »

> *« Celui-là, il fait péter l'emmerdomètre ! »*
> Chirac à propos de Poniatowski

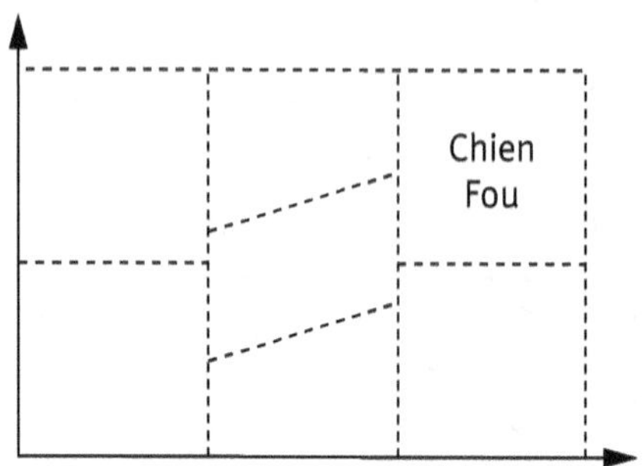

Le « chien fou » a la particularité d'avoir, comme Janus, deux visages... et deux visages totalement contradictoires, pouvant passer d'un excès à l'autre : être dans un cycle synergique à « déplacer des montagnes » et passer, en très peu de temps, pour des raisons professionnelles, personnelles ou familiales, à un cycle antagoniste « cyclonique ». C'est le « Docteur Jekyll and Mister Hyde » de l'équipe.

Les variations cyclothymiques de son comportement fantasque et lunatique, dignes d'une météo antillaise capricieuse, sont généralement assez imprévisibles et désarçonnantes pour le manager et les membres de l'équipe.

© Groupe Eyrolles

Septième famille : les « Oxygènes »

> *« Un homme seul est toujours en mauvaise compagnie. »*
> Paul Valéry

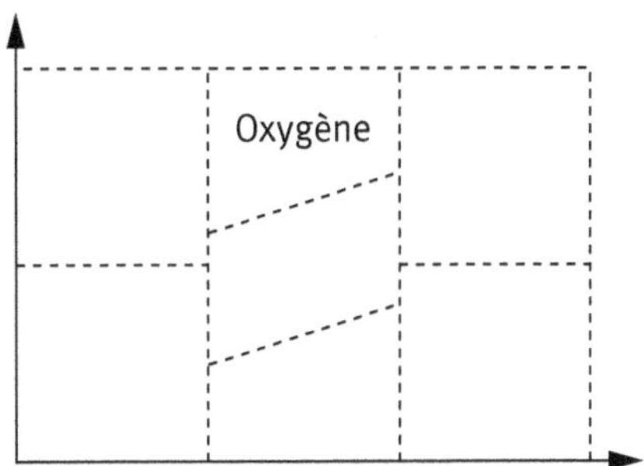

Autant les « yes men » sont là pour appliquer les ordres du patron, autant les « oxygènes » sont là pour les orienter... C'est cela qui caractérise « l'oxygène ». Il est un collaborateur contributif dont l'antagonisme se veut constructif. Son antagonisme est une plus-value, il a pour objet de servir l'entreprise.

Il sait être critique au sens philosophique du terme. Ce n'est pas du devoir civique mais du devoir critique ! *« Il n'y a rien de plus dangereux qu'une idée quand il n'y en a qu'une seule »*, écrivait Émile Chartier, plus connu sous le nom d'Alain. Un collègue qui se tait lorsqu'il voit que l'on fait fausse route est aussi coupable que celui qui prend la mauvaise décision.

© Groupe Eyrolles

Quelle que soit l'explication de son silence – peut-être n'a-t-il pas osé me déranger (je paraissais si pressé…), peut-être a-t-il eu peur de s'exprimer (je paraissais si convaincu…), le résultat est là : je suis allé dans le mur en klaxonnant et personne n'a osé me le dire, me prévenir ou s'interposer ! Le mot est lâché : *oser*… Ils n'ont pas osé ! Ils ont eu peur que l'expression de ce désaccord soit perçue par moi comme de l'irrespect, de l'irrévérence, de la désinvolture, de l'outre-cuidance, de l'arrogance, de l'effronterie, de l'impertinence, de l'insolence, de l'intrépidité, de la hardiesse, de la félonie, de la désertion, ou même du blasphème…

Mais, s'ils ont eu peur, c'est probablement de ma faute et il m'est difficile de le leur reprocher. Cet accident doit donc me faire comprendre que trop rarement je tends la main pour qu'ils puissent librement exprimer leurs interrogations, leurs doutes, leurs souhaits, leurs idées, leurs différences, en un mot leurs richesses. Je ne m'étais jamais rendu compte que cette docilité dont ils faisaient preuve, et que j'avais construite à la force du poignet… et de mes coups de gueule, pouvait subrepticement contribuer à creuser notre tombe collective…

Ce jour-là, j'ai pris conscience qu'il n'y a pas de meilleur ami, de meilleur allié et de meilleur collaborateur que celui qui vous dit la vérité ou, plus exactement, *sa* vérité. *« La consigne, plus que la conscience ? Jamais ! »*, disait Victor Hugo. Rousseau disait, lui, qu'il est préférable d'avoir l'estime de ses hommes que leur admiration. Il est effectivement inutile de chercher à avoir des collaborateurs qui se prosternent ! Il est donc grand temps d'émanciper nos collaborateurs !

Adepte de la devise *« Nec pluribus impar »* (supérieur à tous), Louis XIV avait supprimé le droit de remontrance : droit pour le Parlement de signifier au roi que la décision qu'il envisageait de prendre comportait quelques inconvénients et qu'il serait peut-être plus sage de l'examiner à nouveau ou d'y renoncer… C'est oublier que *« l'irrévérence est la garantie de nos libertés »*, comme le rappelle Mark Twain. Vous m'avez compris, ne vous comportez pas comme

© Groupe Eyrolles

Louis XIV et réinstaurez le droit de remontrance dans votre entreprise ! Faites en sorte que vos collaborateurs soient suffisamment bien dans leurs baskets pour oser dire, oser se faire entendre et oser vous alerter ! C'est ce que Jack Welch appelle le *« conflit constructif »* et que Carlos Ghosn, le patron de Renault, nomme *« le consensus actif par opposition au consensus passif »*.

« Il faut se tenir à une résolution parce qu'elle est bonne et non parce qu'on la prise... », affirme François de la Rochefoucauld. Vous aurez gagné lorsque vos collaborateurs oseront dire ce qu'ils pensent ou qu'ils n'ont pas compris. Comme dans le cadre scolaire, récompense et considération devraient aller non à celui qui lève le doigt car il connaît la réponse, mais à celui qui lève le doigt pour signaler, parfois avec courage, qu'il n'a pas compris l'explication donnée. Contrairement à l'opinion courante, c'est lui qui fait preuve d'intelligence (plus, sans doute, que ses camarades qui, eux, pensent avoir compris ou n'osent pas avouer leur incompréhension...). Car comprendre que l'on n'a pas compris est ce qu'il y a de plus difficile à comprendre... Compris ? *« Celui qui pose une question est bête cinq minutes. Celui qui n'en pose pas est bête toute sa vie »*, selon un proverbe chinois. Et pour en terminer avec le courage, j'aime citer cette phrase de Jean-François Deniau : *« Le courage frappe à la porte de la peur. Qui est là ? Répond cette dernière. C'est le courage, Madame ! La porte s'ouvre, il n'y a plus personne derrière... »*

J'ai eu le plaisir et l'honneur de dîner en septembre 2005 à Seattle (la ville des two Bill, Bill Boeing et Bill Gates) avec Thomas Pickering, à l'époque vice-président de Boeing, président des relations internationales du groupe et ancien ambassadeur des États-Unis à Moscou et à l'ONU. Nous avons beaucoup échangé sur les spécificités managériales de Boeing et j'ai retenu de cet échange la définition qu'il donnait de ce que nous appelons communément en France le « gagnant-gagnant ». À Seattle, ils parlent du « two way street ». L'image est belle car elle évoque un mouvement réciproque des uns vers les autres.

Comment mieux résumer mes propos qu'en citant ces deux grands écrivains. André Gide d'abord : *« Le monde ne sera sauvé, s'il peut l'être, que par des insoumis. »* Blaise Cendras, ensuite : *« C'est l'éternel malentendu car que reproche-t-on au héros ? De n'être pas sage. Et à l'homme d'action ? Son action. Sa parole au poète. Et l'amour à la courtisane. »*

Ce tableau des sept familles est, j'en conviens, très réducteur et indigne d'un apôtre du discernement... Pour autant, ce schéma sent le vrai : à chaque fois que je le présente en séminaire (notamment en intra-entreprise), je vois des regards complices s'échanger (quand ce ne sont pas des clins d'œil ou des coups de coude) qui en disent long sur ce qu'il convient d'appeler *« la levée discrète de l'anonymat »*.

Le rôle d'un manager n'est pas de positionner ses troupes dans cette esquisse de l'antagonisme et de la synergie... Le rôle d'un manager est de faire bouger ce tableau et de faire tendre les comportements vers la synergie *« oxygénée »*, car il ne fait aucun doute que le leader est aussi l'architecte et le façonnier des comportements individuels des membres de son équipe. Dit autrement : ce qu'on attend d'un manager est qu'il transforme le plus possible ses ressources humaines en richesses humaines ! Car mourir dans le désert ou sur une mine d'or non exploitée, ça ne change finalement pas grand-chose !

OUI, CAR IL DOIT ÊTRE POSITIF ET NE PAS SE LAISSER CONTAMINER PAR LA SINISTROSE

> *« On entend l'arbre qui tombe,*
> *on n'entend pas la forêt qui pousse. »*
> Proverbe zaïrois

> *« Tourne-toi vers le soleil, l'ombre sera derrière toi. »*
> Proverbe maori

© Groupe Eyrolles

Aristote, dans *La rhétorique*, disait que les deux motivations qui amènent les gens au spectacle sont la terreur et la pitié. C'est ce que doivent donc vendre les entreprises de spectacle, au premier rang desquels les chaînes de télévision (notamment privées...) et les journaux de la presse écrite. Pour augmenter leur audimat ou leur tirage, ces médias doivent effectivement vendre de la terreur et de la pitié... Dit autrement par un journaliste de *L'Est Républicain* : *« Pour vendre du papier, il y a la vieille règle des 3S : Sang, Scandale et Sexe. »*

Le climat de compétition économique, psychologiquement éprouvant, conjugué à cette société où le message médiatique dominant met l'accent sur les informations à caractère inquiétant (terrorisme, pédophilie, réchauffement climatique, délocalisations, grippe aviaire ou porcine...), pousse l'individu à privilégier une attitude

© Groupe Eyrolles

égocentrique ! *« Ne devenez pas les esclaves de ces marchands d'angoisse »*, alerte pourtant Michel Serres. Cette société anxiogène, au doigt essentiellement pointé sur ce qui ne va pas, déteint sur la relation des hommes au sein de l'entreprise. Mais vous ne voulez pas vous laisser contaminer par cette pandémie de morosité générale, vous avez décidé d'être positif et de *« ré-enchanter le monde »*, comme le dirait Marcel Gauchet !

Plus facile à écrire qu'à faire, j'en conviens... D'ailleurs, parfois, donner ce que l'on ne reçoit pas est un exercice difficile... Et pourtant, une des qualités essentielles d'un bon manager est justement de ne pas reproduire à l'identique les messages reçus, d'amortir les ondes de choc, de calmer le jeu, de ne pas sombrer dans le pessimisme en jouant les Cassandre. Un manager n'a pas vocation à être un tuyau creux, ou un tuyau amplificateur qui, sans discernement et sans pédagogie, va exporter vers ses collaborateurs tous les *inputs* négatifs qu'il a lui-même reçus.

OUI, CAR SI LE MANAGEMENT N'EST PAS SIMPLE COMME BONJOUR, IL COMMENCE QUAND MÊME PAR « BONJOUR »...

Avec ses collaborateurs, il faut établir une relation que je qualifierais d'« écologique », basée sur des vertus aussi naturelles que la simplicité, la sincérité et la transparence. La simplicité, c'est, par exemple, savoir dire « bonjour » ! Dans le cursus pédagogique et « hémiplégique » des écoles d'ingénieurs où l'on hypertrophie le cerveau gauche technique des étudiants, oubliant par là même que nombre d'entre eux auront aussi vocation à piloter une équipe (et pas seulement un *process*), je pense qu'il devrait y avoir un cours intitulé « Le management n'est pas simple comme bonjour, mais il commence par bonjour » !

Je me souviens, à mes débuts de consultant, avoir vu un ingénieur d'une verrerie de BSN perdre le contrôle de son équipe parce qu'il ne savait tout simplement pas dire bonjour. Lui, le Parisien, brillant

© Groupe Eyrolles

garçon, était tellement concentré sur sa responsabilité de production que, lorsqu'il entrait dans l'usine, il ne trouvait pas particulièrement utile de « perdre » du temps à aller saluer ses collègues… Il s'est mis à dos tout son encadrement intermédiaire, et quand vous ne pouvez plus compter sur votre maîtrise, qui, elle, est là depuis longtemps et encore pour longtemps, vous êtes cuit !

Sachez donc dire bonjour et, si possible, avec un point d'exclamation et non un point final. Et si vous y greffez un point d'interrogation du style : « Bonjour, ça va ? », attendez au moins la réponse… Un bonjour réussi est en effet un pont vers l'échange, vers l'enthousiasme, vers la bonne humeur… Plus qu'une longue approche théorique, je vous invite à regarder le film extraordinaire de Claude Lelouch, *Itinéraire d'un enfant gâté*, où Sam Lion (Jean-Paul Belmondo) donne quelques tuyaux à son futur gendre, Albert Duvivier (Richard Anconina) pour qu'il puisse réussir dans les affaires. Le premier d'entre eux, et le plus important, est : *« Si tu sais bien dire bonjour, tu as fait la moitié du chemin. »* Savoir dire bonjour et savoir accueillir est essentiel. On n'a jamais une deuxième chance de faire une bonne première impression…

OUI, CAR IL FAUT METTRE EN CONFIANCE SES COLLABORATEURS, RECONNAÎTRE LE DROIT À L'ERREUR ET ANIMER SON ÉQUIPE AVEC DISCERNEMENT

> *« Si on t'avait foutu dehors à chaque fois que tu avais fait des conneries, t'aurais passé ta vie dehors. »*
>
> Michel Audiard

Mettre en confiance

La sincérité et la transparence, c'est dire à ses équipiers, en temps réel, ce qui va et ce qui ne va pas ! Trop souvent, le manager professionnel, à l'instar du « manager parental » d'ailleurs, privilégie de se laisser guider par le fameux principe du : « Quand je ne dis rien,

© Groupe Eyrolles

c'est que ça va... » Ce qui, du point de vue du collaborateur, devient : « À chaque fois que mon responsable m'adresse la parole, c'est pour être négatif ! » Si vous souhaitez inverser cette spirale négative, n'attendez pas que ce soit parfait pour faire part de votre *satisfecit* et n'hésitez pas à surprendre vos collaborateurs en flagrant délit... de bon travail ! En matière de félicitations, une hirondelle peut faire le printemps... Comme me l'a fait remarquer un jour un stagiaire chez Danone, il faut s'appuyer sur les « talents d'Achille » de nos collaborateurs !

Kenneth Blanchard et Spencer Johnson ont écrit, dans les années quatre-vingt, un livre mythique en matière de management : *Le manager minute*[1]. Ce best-seller met en lumière l'intérêt de ce qu'ils appellent l'« objectif minute », la « félicitation minute » et la « sanction minute », en d'autres termes, une relation managériale directe et saine. Savoir exprimer ce que l'on attend de ses collaborateurs, sa satisfaction quand ils font de bonnes choses et son insatisfaction vis-à-vis d'eux quand la déception est là me paraît être un triangle relationnel d'une grande simplicité et d'une grande sagesse. Vous éviterez ainsi de vous exposer à la fermentation explosive des mécontentements, des rancœurs et de toutes autres frustrations trop longtemps stockées. Le non-dit appelle le non-dit, l'indifférence génère l'indifférence et le mépris silencieux crée le mépris silencieux.

Cette idée de l'immédiateté de la réaction rejoint, dans un tout autre domaine, la théorie des carreaux cassés de Rudolph Giuliani, l'ancien maire de New York. Dans son livre *Leadership*[2], l'ancien locataire de City Hall explique qu'il avait imposé à ses services techniques de réparer immédiatement ce qui était cassé ou tagué dans la ville. Selon lui (et l'élu que je suis partage complètement cette analyse), le sale attire le sale, le cassé attire le cassé, les traces visibles d'incivilité déclenchent les incivilités.

© Groupe Eyrolles

---

1. Éditions d'Organisation, 1987.
2. Buchet-Chastel, 2003.

A contrario, le propre attire le propre, et un endroit visiblement respecté génère du scrupule à le bafouer. Bien sûr, et malheureusement, cette théorie n'est pas gagnante à tous les coups... De même en management, il est parfois nécessaire de prendre le temps de la réflexion pour diffuser une critique positive ou négative à un collaborateur, mais, d'une façon générale, l'idée de présenter comme règle du jeu l'expression spontanée des satisfactions et des insatisfactions est un mode opératoire clair, apprécié et appréciable.

Reconnaître le droit à l'erreur

Il faut réparer tout de suite l'incompréhension ou l'erreur (en respectant certains principes que je développerai dans un instant). Attendre que votre collaborateur glisse dans les abîmes du hors-jeu pour intervenir est une méthode machiavélique. Cette approche « minute » n'est déclinable dans les faits que si sont nommés à des postes hiérarchiques des hommes et des femmes conscients de l'intérêt de cette approche comportementale et capables également de reconnaître le droit à l'erreur.

Là aussi, nous nous trouvons sur le terrain de l'évidence, et pourtant, certains managers, devant une erreur d'un des membres de l'équipe, font parfois preuve d'un tel emportement inadéquat que le fautif s'en trouve tétanisé et que la moindre initiative future de ce collaborateur s'en trouve définitivement anesthésiée. Il est parfois bon de rappeler à certains responsables ce truisme : Quand on ne fait rien, on ne fait jamais d'erreurs… c'est la raison pour laquelle certains n'en font jamais ; quand on ne prend pas d'initiatives, on ne risque pas de se tromper.

Attention, cependant, *« errare humanum est, perseverare diabolicum est »* ! Indépendamment du cas désespéré (où même la plus performante des pédagogies pour lui expliquer les choses serait vouée à l'échec), la grande question devant l'erreur d'un collaborateur est de savoir s'il s'agit d'un anti-jeu délibéré (avec intention de nuire) ou d'un hors-jeu involontaire (relevant d'une incompréhension ou d'une inattention). Se poser cette question avant de réagir de façon reptilienne est un minimum qu'on est en droit d'attendre d'un manager dont une des missions essentielles est de tirer ses collaborateurs vers le haut.

Animer son équipe avec discernement

Pour cela, une autre qualité est essentielle : le discernement. Cette disposition intellectuelle à juger clairement et sainement les choses nécessite des qualités de réflexion, de prudence et de bon sens. *« Après l'esprit de discernement, ce qu'il y a au monde de plus rare, ce sont les diamants et les perles »*, écrivait La Bruyère. Là, le filtre du tamis pour déceler les bons managers devient plus exigeant… Cette qualité du discernement, contrairement à celle de l'exemplarité, ne s'acquiert pas par autodiscipline. Le discernement peut se cultiver et se bonifier avec le temps, et donc l'expérience, mais c'est d'abord le fruit d'une subtilité intrinsèque de l'esprit permettant de deviner, de sentir et de saisir ce que l'on appelle communément les nuances.

© Groupe Eyrolles

Pour en revenir à l'acte de management, cela veut dire qu'un même écart professionnel commis par deux collaborateurs différents ne génère pas forcément la même réponse de la part du leader. Le gouvernement des hommes, qui naturellement doit reposer sur la cohérence, ne répond cependant pas à des réactions automatiques et pavloviennes. Si toutes les réactions managériales étaient « anticipables », codifiables, et donc automatiques, des petits robots bien programmés feraient d'excellents managers... Ils pourraient d'ailleurs avoir des comportements exemplaires, le cas échéant être pédagogues, toujours de bonne humeur... Il ne leur manquerait que, non pas la parole, mais le discernement ! Deux situations *a priori* identiques peuvent et doivent être traitées différemment selon la nature et l'histoire de la personne. C'est toute la différence entre l'égalité, qui nivelle mécaniquement et froidement sans se poser de questions, et l'équité qui est une conception plus vertueuse. Soyons plus basiques :

- Charles est, au sein de mon équipe, celui qu'on pourrait surnommer « le Casse-pieds chronique ». Il ne se passe pas une semaine sans que son comportement « opérationnel » ou relationnel ne génère un couac. Charles est comme ça, il est lunatique, et ses erreurs à répétition, qui freinent la fluidité du process de tout l'atelier, commencent sérieusement à indisposer ses collègues qui ont de plus en plus de mal à le supporter. Aujourd'hui, on est plus ou moins obligé de faire avec...

- Louis est un de mes collaborateurs depuis près de vingt ans. La fidélité aux valeurs de l'entreprise qui a toujours été la sienne a fait de lui un homme respecté par tous. Cependant, depuis quelques jours, nous le sentons très préoccupé par l'état de santé de son épouse qui supporte difficilement ses séances de chimiothérapie. C'est par indiscrétion que je le sais car Louis est un garçon très discret sur sa vie personnelle et familiale.

Imaginez qu'une erreur identique soit commise par Charles et Louis. Pensez-vous sérieusement que ma réponse managériale doit être la

© Groupe Eyrolles

même ? La réponse doit-elle être identique face à ce que Henri Beyle (plus connu sous le nom de Stendhal) appelait un « SFCDT » (Se Fout Carrément De Tout) et un équipier performant depuis toujours mais vivant ponctuellement une période difficile ? La réponse est évidemment non ! Je sais bien qu'un morceau avalé n'a plus de goût... et que parfois l'on oublie ce que certains ont apporté à cette belle aventure commune que représente la vie de l'entreprise mais, dans le cas présent, personne de normalement constitué ne comprendrait que le premier ne soit pas clairement sanctionné et que le second ne bénéficie pas d'une relation d'aide. L'autorité d'un manager se bâtit aussi sur cette capacité de discernement.

Aider un collaborateur à passer un cap difficile fait naturellement partie du job, même si la frontière entre la sphère professionnelle et la sphère privée n'est pas simple à discerner, car les deux s'interpénètrent à l'évidence. L'homme en tant qu'individu physique et psychique, le père et le mari ne s'évaporent pas complètement à l'entrée du parking de l'entreprise. Le niveau et les conséquences de cette interpénétration sont fonction du tempérament de chacun. Si le manager a vocation à faire preuve d'humanisme dans ses relations professionnelles, il n'a en revanche pas vocation à jouer les thérapeutes permanents.

De même, il n'a pas à abuser, immédiatement ou après coup, de la faiblesse conjoncturelle de son collaborateur. *« Le bruit fait peu de bien et le bien fait peu de bruit »*, rappelle saint François de Sales. Certains pourraient effectivement avoir une fâcheuse tendance à vouloir glaner des dividendes de l'aide octroyée. Cet état d'esprit retors de « la quête malheureuse du retour sur investissement » est non seulement condamnable en soi mais, de surcroît, un mauvais calcul... C'est ce que nous explique très bien Eugène Labiche, écrivain du XIXe siècle, spécialiste du vaudeville et moraliste sans illusions, dans un de ses chefs-d'œuvre du théâtre comique composé en 1860, *Le Voyage de Monsieur Perrichon*. Il y brosse le portrait d'une humanité dont les intérêts et les appétits sont les seuls mobiles.

© Groupe Eyrolles

▪ La morale de M. Perrichon

M. Perrichon, carrossier très aisé, se retire des affaires et emmène sa femme et sa fille, Henriette, en voyage sur le Mont Blanc. Daniel et Armand, deux amis, qui avaient rencontré Henriette au cours d'un bal, et dont ils sont tombés amoureux, ont l'intention de suivre cette famille. Ils sont amis, rivaux mais ont décidé de la jouer à la régulière…

Au cours d'une promenade collective dans des chemins particulièrement dangereux, Armand sauve la vie à M. Perrichon qui allait glisser dans une crevasse. Quelques instants plus tard, c'est, cette fois-ci, Monsieur Perrichon qui sauve la vie à Daniel. À l'issue de cette promenade, qui par deux fois a failli tourner au drame, Monsieur Perrichon « offre » sa fille à Daniel.

Armand, se plaignant de l'ingratitude de Perrichon, Daniel lui révèle qu'il a fait exprès de glisser, sachant qu'ainsi il deviendrait son préféré car, comme précisé très judicieusement dans la scène 8 de l'acte IV, *« les hommes ne s'attachent point à nous en raison des services que nous leur rendons mais en raison de ceux qu'ils nous rendent ».* ▪

Histoire à méditer ! Cela peut paraître à certains d'entre vous un raisonnement essentiellement philosophique et éloigné des réalités relationnelles quotidiennes, et pourtant, combien de fois ai-je pu vérifier ce théorème de Perrichon ! Rappeler à quelqu'un que vous l'avez aidé, c'est lui rappeler qu'il a été à un moment précis fragilisé et dépendant. Il est clairement plus valorisant d'aider que d'être aidé, comme il est souvent, à l'âge adulte, plus aisé d'offrir des cadeaux que d'en recevoir. Et retenez la leçon de Pascal : *« Voulez-vous qu'on croie du bien de vous ? N'en dites pas. »*

OUI, CAR IL FAUT PRATIQUER LE CRÉDIT D'INTENTION ET ADOPTER UNE « POSITIVE ATTITUDE »

> *« Dans votre ascension professionnelle, soyez toujours très gentil avec ceux que vous dépassez en montant. Vous les retrouverez au même endroit en redescendant. »*
> Woody Allen

© Groupe Eyrolles

Par crédit d'intention, qu'on pourrait également appeler « présomption d'intention positive », j'entends le contraire de procès d'intention. Un manager, notamment pour ceux qui sont nouvellement nommés dans cette responsabilité, doit aller vers les membres de son équipe. Et il doit le faire avec enthousiasme et sans *a priori* décelable. *A contrario*, une attitude empreinte de retenue, de timidité ou de méfiance ne manquerait pas d'être interprétée par vos collaborateurs comme de la froideur, de la distance et même du dédain. Sans pour autant confondre objectivité avec naïveté, je vous invite à pratiquer le crédit d'intention qui ouvrira ou ré-ouvrira des portes à certains qui n'attendaient qu'un signe pour reconstruire une relation de confiance. Ceux qui ne manifestent pas ostensiblement leur opposition sont des partenaires potentiels. *« On est plus souvent dupé par la défiance que par la confiance »*, écrit le Cardinal de Retz.

Certains managers sont tellement méfiants et suspicieux vis-à-vis de leurs collaborateurs qu'ils me rappellent Danton (surnommé « le Titan ») et son comité de Salut Public qui coupaient les têtes politiquement incorrectes grâce à la fameuse « loi des suspects » créée le 17 septembre 1793 permettant *« d'arrêter tous ceux considérés comme défavorables au nouveau régime »*. Ce qui n'est pas sans rappeler les propos de George Bush, dans sa lutte contre Al-Qaïda suite aux attentats du 11 septembre 2001 : *« Ceux qui ne sont pas avec nous sont contre nous. »*

© Groupe Eyrolles

▣ Apologie chinoise du IIIe siècle

« Un homme ne retrouvait pas sa hache. Il soupçonna le fils de son voisin de la lui avoir prise et se mit à l'observer. Son allure était typiquement celle d'un voleur de haches ; les paroles qu'il prononçait ne pouvaient être que des paroles de voleur de haches. Toutes ses attitudes et tous ses comportements trahissaient l'homme qui avait volé une hache. Mais, très inopinément, en remuant la terre, l'homme retrouva soudain sa hache. Lorsque le lendemain il regarda à nouveau le fils du voisin, celui-ci ne présentait rien, ni dans l'allure, ni dans le comportement, qui évoquât un voleur de haches. » ▣

« Un voyage de mille lieues a commencé par un premier pas », dit Lao Tseu. En d'autres termes, il faut adapter une « positive attitude »... Être positif, c'est être solidaire dans les difficultés comme dans les succès. N'abusez donc pas du « je » dans les victoires, pensez au « nous ». Vos équipiers y seront sensibles. Être positif, c'est faire preuve de prudence vis-à-vis de certains jugements de valeur et refuser d'être un relais des rumeurs et des « on-dit » en tout genre... À ce propos, je citerai pour votre réflexion l'*Histoire des trois tamis de Socrate*, due à un apologue anonyme :

« Un jour, un homme vint trouver le philosophe Socrate et lui dit : "Écoute, Socrate, il faut que je te raconte comment ton ami s'est conduit.

– Je t'arrête tout de suite, répondit Socrate. As-tu songé à passer ce que tu as à me dire au travers des trois tamis ?"

Et comme l'homme le regardait d'un air perplexe, il ajouta : "Oui, avant de parler, il faut toujours passer ce qu'on a à dire au travers de trois tamis. Voyons un peu ! Le premier tamis est celui de la vérité. As-tu vérifié que ce que tu as à me dire est parfaitement exact ?

– Non, je l'ai entendu raconter et...

– Bien ! Mais je suppose que tu l'as au moins fait passer au travers du second tamis qui est celui de la bonté. Ce que tu désires me raconter, est-ce au moins quelque chose de bon ?"

L'homme hésita puis répondit : "Non, ce n'est malheureusement pas quelque chose de bon, au contraire...

– Hum ! dit le philosophe. Voyons tout de même le troisième tamis. Est-il utile de me raconter ce que tu as envie de dire ?

– Utile ? Pas exactement...

– Alors, n'en parlons plus ! dit Socrate. Si ce que tu as à me dire n'est ni vrai, ni bon, ni utile, je préfère l'ignorer. Et je te conseille même de l'oublier..." »

Vous l'avez compris, être positif, c'est développer en permanence une attitude relationnelle constructive, c'est en quelque sorte doper et « vitaminer » son management.

> En résumé, manager en limbique droit, c'est animer son équipe autour des valeurs de la confiance, de la bonne humeur, de la positive attitude, de la simplicité, du discernement et de la valorisation des efforts individuels et collectifs.

© Groupe Eyrolles

7

Zoom sur les corticaux droits

*« L'homme raisonnable s'adapte au monde.
L'homme déraisonnable persiste à tenter d'adapter
le monde à lui-même.
En conséquence, tout progrès dépend
de l'homme déraisonnable. »*
George Bernard Shaw

*« Le génie se fait une route ou personne n'a marché avant lui,
il court sans guide, sans art, sans règle,
il laisse loin derrière lui ce qui n'est que raison et exactitude. »*
Voltaire

■ QU'EST-CE QU'UN CORTICAL DROIT ?

Très indépendants, les corticaux droits n'aiment pas se laisser enfermer dans des jugements trop catégoriques et hermétiques. Réfléchissant par associations d'idées, ils aiment échanger, mais leurs interlocuteurs sont parfois désarçonnés par la rapidité qu'ils ont à passer « du coq à l'âne ». En fait, ils étonnent ou détonnent... par leur originalité, leur humour, leur goût artistique et leur créativité, leur provocation, leur intuition, leur imagination inventive, leur non-respect des conventions, leur joie de vivre et leur audace.

© Groupe Eyrolles

« J'aime celui qui rêve l'impossible », écrit Goethe. Toujours tournés vers l'avenir, ce sont des visionnaires optimistes qui aiment le changement, le risque. Pour eux, le présent appartient déjà au passé et, avec Antoine Rivarol, *« l'imagination est l'amie de l'avenir »*. Le détail ne les intéresse pas, ils préfèrent des synthèses... pas trop longues à lire. Fonceurs, entrepreneurs, parfois rêveurs, ils aiment faire plusieurs choses en même temps tout en ayant recours sans scrupule à la procrastination...

Vous pensez à qui ? Jean-Louis Borloo et sa tête ébouriffée... dorénavant gominée ? Bernard Kouchner, « the french doctor » ? Probablement... Le Professeur Tournesol ? Oui, car c'est un professeur la tête

© Groupe Eyrolles

dans les étoiles… N'oubliez pas les paroles d'Oscar Wilde : *« La sagesse, c'est avoir des rêves suffisamment grands pour ne pas les perdre de vue lorsqu'on les poursuit. »* Et comme le disait de Gaulle à propos de ce genre de personnages *« Des chercheurs qui cherchent, j'en trouve… mais des chercheurs qui trouvent, j'en cherche ! »*

▨ L'ARCHÉTYPE DU CORTICAL DROIT : WINSTON CHURCHILL

> *« L'opinion d'un homme peut changer honorablement pourvu que sa conscience ne change pas. »*
>
> Victor Hugo

Né en juin 1874, Winston Leonard Spencer Churchill a dominé la vie politique britannique durant la première moitié du XXe siècle. Député à de nombreuses reprises, plusieurs fois ministre, puis premier lord de l'Amirauté, enfin Premier ministre à deux reprises (1940-1945 et 1951-1955), leader du parti conservateur, on retiendra de lui qu'il fut le grand vainqueur de la guerre et l'un des propagandistes de la victoire alliée sur l'Axe.

- **Premier indice : il a toujours été indiscipliné…** Déjà, à l'école, il se faisait remarquer, outre par ses problèmes de bégaiement et son allergie aux mathématiques, par son manque de ponctualité et son imagination sans limite… Cela lui vaudra trois tentatives pour arriver à intégrer l'école militaire de Sandhurst (l'équivalent anglais de Saint-Cyr). Créateur du club des Hooligans au Parlement, il n'a jamais été homme à taire ses profondes convictions… fut-ce pour faire plaisir au parti !

Le ton est donné dès ses premiers pas comme député : *« Je ne vois guère de gloire dans un empire maître des mers mais incapable de vider ses égouts. »* En 1900, il fut élu pour la première fois au Parlement, à l'âge de 26 ans, en tant que député conservateur de la circonscription d'Oldham. Lors de l'élection de 1904, il fut

© Groupe Eyrolles

réélu, mais comme député de Manchester, soutenu par les libéraux… En 1924, il sera élu député… devinez… conservateur ! Comme disait Edgar Faure, ce n'est pas la girouette qui tourne, c'est le vent ! Pour anecdote, il se fera réélire une dernière fois député de Woodford à l'âge de 85 ans avec l'étiquette de conservateur…

- **Deuxième indice : un épicurien hors pair.** Romeo Julietas et whisky, *please* ! ! En tant qu'ancien de Sandhurst, il fut envoyé comme observateur à Cuba, alors déchiré par la guerre hispano-américaine. Il combina ses obligations d'officier avec celle de correspondant de guerre pour le *Daily Telegraph*, ce qui lui permit de gagner un peu d'argent.

  Mais ses grandes rencontres là-bas furent surtout Julietas et Amora…, les cigares Romeo Julietas et Amora de Cubas… premiers éléments d'une vie de sybarite où le champagne, le cherry et bien sûr le whisky allaient coller à l'image du jouisseur Churchill. Ne disait-il pas lui-même : *« Mes goûts sont simples, je me contente de ce qu'il y a de meilleur. »*

- **Troisième indice : créatif et amoureux de la peinture et de la littérature…** Pour être créatif, il l'était parfois un peu trop, ce qui lui valut un jour une moquerie de Roosevelt : *« Il a deux cents idées par jour dont deux seulement sont bonnes mais il ne sait jamais lesquelles. »* Il n'en reste pas moins vrai, et peu de gens le savent, que notre ami Winnie reçut en 1953 le prix Nobel de littérature pour son œuvre d'historien et de mémorialiste. À cette occasion, le roi de Suède déclara : *« Heureusement qu'il n'y a pas de prix Nobel de peinture, on aurait été obligé de lui donner. »*

© Groupe Eyrolles

Car, au-delà de cette déclaration sarcastique, il faut savoir qu'effectivement Churchill aimait peindre. Comme le précise François Kersaudy dans la biographie qu'il lui consacre : *« [...] au cours des premiers mois de 1923, les Cannois pourront apercevoir de temps à autre un petit homme replet, légèrement voûté, à la calvitie avancée, qui s'adonne à la natation et fait des promenades en mer sur le yacht de Max Aitken, devenu lord Beaverbrook. Les après-midi de beau temps, le même homme, surmonté d'un invraisemblable couvre-chef et prolongé d'un cigare, plante son chevalet sur la croisette ou dans la nature et peint jusqu'au soir. Après le dîner, on peut rencontrer au casino un joueur invétéré qui lui ressemble comme un frère... »*

- **Quatrième indice : un humour dévastateur...** Winston Churchill était un homme d'esprit extraordinaire. Ses répliques célèbres pour leur humour sont très nombreuses. En voici un petit cocktail :

  - Il croisait souvent le fer, dans ses débats, avec Lady Astor, une députée travailliste qui fut la première femme de l'histoire à siéger au parlement britannique. Elle ne mâchait pas ses mots et, un jour, l'anticonformiste Nancy Astor invectiva publiquement Churchill de la façon suivante *« Monsieur Churchill, si vous étiez mon mari, je verserais du poison dans votre café »*, ce à quoi elle s'entendit répondre dans la seconde : *« Madame, si vous étiez ma femme, je le boirais ! »*

  - Pendant sa douloureuse traversée du désert politique, George Bernard Shaw, lui aussi prix Nobel de littérature (1925), lui adresse une invitation à assister à la première de sa nouvelle pièce de théâtre, *Pygmalion*. Sur le billet d'invitation, il note : *« Viens avec un ami si tu en as encore un. »* Churchill, indisponible ce jour-là, lui renvoie un mot d'excuse en ajoutant : *« Viendrai à la deuxième, s'il y en a une... »*

  - Atteint d'une crise d'appendicite, il ne put faire campagne lors des élections de 1929. Battu à Dundee, il déclara : *« En un clin d'œil, je me suis retrouvé sans ministère, sans siège, sans parti et sans appendice ! »*

- Le 11 novembre 1947, devant la Chambre des communes, il déclare : « *La démocratie est le plus mauvais système de gouvernement, à l'exception de tous les autres qui ont pu être expérimentés dans l'histoire.* »

- Alors qu'un photographe prend un cliché de lui le jour de ses 75 ans en lui disant qu'il espère également le prendre en photo le jour de ses 100 ans, Churchill lui répond : « *Il n'y a pas de raison mon vieux, vous me paraissez en pleine forme !* »

- Le jour de ses 85 ans, à la Chambre, un député chuchota à l'oreille de son voisin croyant Winston hors de portée de voix : « *Il paraît que le vieux devient gaga...* » Sans se retourner, il rétorque : « *En effet, et il paraît même qu'il est en train de devenir sourd.* »

- **Cinquième indice : un visionnaire très lucide.** Son premier discours évoquant une potentielle menace hitlérienne date de 1932, mais chacun a surtout en tête sa brillante intervention au Parlement où il condamna les accords de Munich signés par Neville Chamberlain : « *On vous a donné le choix entre le déshonneur et la guerre. Vous avez choisi le déshonneur et vous aurez la guerre.* »

Churchill n'avait pas peur du conflit. Il faut dire qu'il avait de qui tenir puisque l'un de ses illustres ancêtres n'était autre que John Churchill, le premier duc de Marlborough, celui qui va-t-en-guerre, comme le rappelle la chanson qui lui est dédiée... *mironton, mironton, mirontaine...* En 1950, il prononce, au Conseil de l'Europe, un discours là aussi très visionnaire en faisant un plaidoyer pour la constitution d'une armée européenne. *Time magazine* l'a d'ailleurs baptisé « *l'Homme du demi-siècle* ». En juin 2000, le mensuel français *Historia* jugera le « demi » superflu et le baptise « *Homme d'État du siècle* »...

© Groupe Eyrolles

◼ LE MANAGER DOIT-IL ÊTRE CORTICAL DROIT ?

Oui, car il doit se projeter dans le futur et donner du sens et de la vision à l'action de ses collaborateurs.

OUI, EN NE COMMETTANT PAS D'ERREUR SUR LE SENS DU TRAVAIL

Le mot « sens » a trois sens principaux :

- Tout d'abord, sur le plan physiologique, c'est la faculté d'éprouver des impressions, notamment à travers le goût, l'odorat, l'ouïe, le toucher et la vue.

- C'est ensuite la signification, le concept évoqué par un mot.

- C'est enfin la direction.

À chaque fois, comme le dit si bien notre brillant collègue de l'APM André Comte-Sponville : *« Le sens est extrinsèque. »* Je vous résume son analyse :

- Dans le premier, l'ouïe est inaudible (avez-vous déjà entendu votre ouïe ?), l'odorat est inodore... la sensation ne s'envisage et n'existe que par l'autre, cet autre pouvant être une matière ou un semblable.

- Dans le deuxième, le sens d'un mot n'est pas le mot lui-même... Le sens du mot « parasol » n'est pas le mot mais l'objet permettant de se protéger du soleil.

© Groupe Eyrolles

- Dans le troisième, par définition, le « sens direction » est toujours ailleurs. Il n'est pas là où l'on est mais là où l'on va. Personne ne peut être où il va, ni aller là où il est (sauf à faire son footing sur un tapis training…). Le sens est toujours « ailleurs » et nous sommes toujours « ici ».

C'est à partir de ce fondement sémantique que le philosophe Comte-Sponville nous livre son appréciation sur le sens du travail qui n'est donc pas le travail lui-même mais la part du bonheur qu'il est censé nous aider à acquérir : « *Ce que cherchent les salariés, ce n'est pas le travail, c'est le bonheur. Ce que cherche l'entreprise, ce n'est pas le travail, c'est le profit… Bref personne ne cherche le travail ! Le propre d'une valeur morale, c'est d'être une fin en soi. On n'est pas généreux pour autre chose que la générosité. On n'est pas juste pour autre chose que la justice. Mais on travaille toujours pour autre chose que le travail… pour de l'argent et pour du repos. La valeur est intrinsèque. Le sens lui est extrinsèque.* » Selon lui, et je partage pleinement cette analyse, si l'on considère le travail comme une motivation intrinsèque ou, pire, comme une valeur morale, le manager risque, à partir de cette conviction erronée, de commettre des erreurs de leadership.

La générosité, l'amour ou encore la justice sont des valeurs morales… pas le travail ! « *D'ailleurs, on ne rétribue pas les valeurs morales… sinon la générosité n'est plus de la générosité mais du calcul, l'amour n'est plus de l'amour mais de la "petite vertu" et la justice n'est plus de la justice mais de la corruption !* » Si l'on veut donc motiver ou, plus exactement, appuyer sur les leviers motivationnels de nos collaborateurs, ce n'est pas en leur donnant des leçons de morale sur les vertus du travail, c'est en suscitant (ce qui est loin d'être simple dans certains métiers et dans certaines entreprises) leur épanouissement. Rappelons-nous Pascal : « *Tout homme veut être heureux, y compris celui qui va se pendre.* » Cet altruisme ne relève donc pas d'une fièvre humanitaire ou philanthropique soudaine, elle relève d'une stratégie de management ! Désolé de vous

© Groupe Eyrolles

désillusionner, mais on ne travaille pas par amour du patron ou par amour de l'actionnaire, on travaille pour être heureux.

▪ Retour de Luc Ferry sur son expérience de ministre de l'Éducation nationale

« Quand le président de la République m'a demandé d'être ministre de l'Éducation nationale, je me suis dit que je pourrais aller quelque part : je n'avais pas simplement envie de gérer, mais de faire quelque chose. Je pensais pouvoir aller d'un point à un autre, comme sur un cheval ; je n'avais pas compris qu'il s'agissait d'un rodéo, le but du jeu consiste à rester sur la bête. J'ai eu le sentiment parfois en observant les professionnels de la politique que le seul but de l'opération consistait à conserver le pouvoir et, par conséquent, à épouser en permanence les mouvements de l'animal. Si vous essayez de le contrarier, vous tombez. » ▪

« Malheur à qui n'a plus rien à désirer ! Il perd pour ainsi dire tout ce qu'il possède. On jouit moins de ce qu'on obtient que de ce qu'on espère et l'on n'est heureux qu'avant d'être heureux », a écrit Rousseau. Donner du sens, c'est donc, à partir d'un point de départ, fixer un point d'arrivée, sans oublier les étapes intermédiaires qui seront, comme diraient les marathoniens, des ravitaillements physiques et psychologiques.

OUI, EN FIXANT DES OBJECTIFS LISIBLES, VISIBLES, CONTRIBUTIFS, VOIRE VISUALISABLES

Sénèque prétend qu'*« il n'y a pas de bon vent pour celui qui ne connaît pas son port »*. Il est donc essentiel de fixer des objectifs lisibles, visibles, et contributifs et, si possible, visualisables...

- **Lisibles,** c'est-à-dire clairs dans leur formulation. Il n'est pas nécessaire que la forme sibylline domine le fond. D'ailleurs, il ne me semble pas inutile de rappeler que *« communication bien ordonnée commence toujours par l'autre »* et que le manager doit s'assurer de la bonne compréhension de son interlocuteur. Le terme « assurer » n'étant pas choisi de façon anodine, car le

© Groupe Eyrolles

temps passé à vérifier immédiatement le bon entendement de votre sollicitation n'est que peu de choses à côté du coût de l'erreur éventuelle commise en cas d'incompréhension, et du temps consacré à la reformulation de vos attentes.

- **Visibles.** Relisez la légende de Sisyphe, fils d'Éole et roi mythique de Corinthe, condamné dans les Enfers à rouler un rocher qui retombait à chaque fois avant d'avoir atteint le sommet... et vous comprendrez, à travers cette image, la nécessité de décliner cet objectif en sous-objectifs intermédiaires avec un calendrier précis.

Atteindre un objectif, fut-il intermédiaire, et recevoir à cette occasion quelques dividendes de valorisation est, tel le ravitaillement du coureur à pieds que j'évoquais précédemment, le meilleur moyen de repartir « boosté » vers la deuxième étape. Ceux qui sous-estiment ou contestent l'impact psycho-physique dynamisant (et même euphorisant) de l'atteinte d'un objectif n'ont jamais joué au foot... ou n'ont jamais marqué de buts.

- **Contributifs,** car l'objectif personnel que vous fixez à votre collaborateur ne doit en rien lui faire oublier son engagement collectif. Je peux être le meilleur de mon équipe et de mon entreprise, mais si j'obtiens mon succès à coups de croche-pieds à l'égard de mes

© Groupe Eyrolles

collègues et que l'entreprise est mise à mal, ma seule satisfaction sera de mettre sur le CV posthume que je remettrai à saint Pierre l'annotation suivante *« fut le meilleur matelot du Titanic »*. C'est la raison pour laquelle le manager doit valoriser, plus que tout, le jeu en équipe, les passes en retrait et les informations horizontales. Il ne faut pas parler que du buteur, il faut aussi et surtout parler de celui qui, après un merveilleux dribble, a fait la passe lumineuse à l'origine du but.

Le sport est une source d'inspiration intarissable pour le management des équipes. Il n'y a pas qu'au rugby, au foot ou au hockey que l'on valorise le meilleur passeur, même en cyclisme, dont on pourrait légitimement croire que c'est avant tout un sport individuel, on valorise, et de plus en plus, le meilleur coéquipier.

« Il y a ceux qui veulent être quelqu'un et ceux qui veulent faire quelque chose », disait Jean Monnet. C'est aussi pour cela qu'il faut, dans une victoire collective, valoriser tout le *back-office* et ne pas zoomer uniquement sur le *front-office*. Celui qui a fait l'étude, celui qui a établi le devis, l'assistante commerciale qui est en contact régulier avec l'acheteur sont les passeurs que j'évoquais précédemment.

« Dans une équipe de rugby, il n'y a pas de passagers. Il y a un équipage », prétend Pierre Villepreux. Lisibles, visibles et contributifs… l'acte de délégation est effectivement un acte de management qu'il faut accomplir avec professionnalisme !

À ces trois qualités, on pourrait aussi ajouter « visualisables ». J'entends par là que, trop souvent, j'ai croisé des hommes et des femmes d'entreprise qui savaient parfaitement ce qu'ils avaient à faire sans savoir à quoi ça servait… Chacun connaît cette célèbre fable du management : *« Que faîtes vous mes braves amis ? Le premier de répondre qu'il taille des pierres, le suivant qu'il monte un mur et le dernier d'affirmer qu'il construit une cathédrale. »* Savoir à quoi sert mon travail, connaître l'utilité de ce qui m'est confié, l'inscrire dans une perspective visualisable et être ainsi à nouveau orienté « résultat » plutôt que « tâche », voilà une règle simple en matière de management.

Dans « motivation », il y a motif et moteur ! Qui vous interdit d'emmener votre équipe visiter l'unité industrielle qui effectue l'assemblage du produit final pour lequel chaque jour, inlassablement, vos compagnons fabriquent une des pièces mécaniques majeures. Être un constructeur est plus motivant qu'être un agent de fabrication ! Combien de fois ai-je visité des entreprises, dans le cadre de mes responsabilités municipales et parlementaires, où l'opérateur à qui je posais la question « sur quel type de produit va cette pièce ? » ou « c'est pour quel client ? » était incapable de répondre, non par timidité, non par confidentialité, mais tout simplement parce qu'il ne le savait pas car on ne lui avait pas dit et/ou il

© Groupe Eyrolles

ne l'avait pas demandé… Comment voulez-vous dans de telles conditions être animé par un sentiment d'utilité ? Comment voulez-vous parler de motivation ? Pourtant *« Tu me dis, j'oublie. Tu m'enseignes, je me souviens. Tu m'impliques, j'apprends »*, disait Benjamin Franklin.

Dans le mode de l'entreprise, certains maîtrisent parfaitement tous ces rouages de la fixation d'objectifs et pratiquent la délégation à merveille… y compris vis-à-vis de leurs responsables hiérarchiques ! Non, non ce n'est pas une erreur… certains pratiquent la délégation inversée.

© Groupe Eyrolles

Notamment lorsqu'ils ont un manager majoritairement limbique droit, tellement prévenant, qu'il accepte les « singes » des autres, y compris de ses subordonnés. Comme nous l'avons vu précédemment, il faut comprendre par « singe » un problème qui change d'épaule. Même s'il a le dos large, le délégataire finira par en avoir plein le dos ! C'est le cas de le dire…

« Chef, j'ai un problème avec ce…

– Donne, je m'en occupe ! »

Cette gentillesse exacerbée fait de lui un « attrape-singes » !

Il en a plein le bureau, plein les Post-it, plein ses mails… Il doit d'ailleurs tellement s'occuper des mammifères primates des autres qu'il n'a plus le temps de s'occuper des siens… *Je peux me défendre contre la méchanceté. Je ne peux pas me défendre contre la gentillesse »*, aimait à dire Francis Blanche.

À l'inverse, je me souviens du bureau du directeur de production de l'entreprise Garrett, basée à Thaon-les-Vosges, où il était écrit sur la porte une formule du style : *« Si vous venez me voir avec un problème, vous pouvez faire demi-tour. Si vous venez me voir avec un problème et des solutions, alors vous êtes le bienvenu ! »* Bien entendu, quand un collaborateur ou une collaboratrice vous sollicite pour vous exposer un problème, vous ne pouvez pas, d'un revers de main, balayer cet appel à l'aide avec des remarques à la noix (« ce n'est pas mon problème… à chacun sa m… »). Pour autant, ne confondez pas coaching et baby-sitting ! Conseillez-le dans les modalités d'analyse et de gestion de ce problème, mais surtout ne vous substituez pas à lui, en bon papa poule, pour le solutionner.

Le « laisse, je m'en occupe… », formule parfois lâchée pour gagner du temps parce que l'on est déjà en prise, est une double erreur de management de laquelle vous allez avoir du mal à vous dépêtrer. D'une part, vous ne cultivez pas l'esprit de responsabilité et d'autonomie de votre interlocuteur qui reviendra à la charge lorsqu'il rencontrera le même souci… (D'ailleurs, un jour, il

© Groupe Eyrolles

ne prendra même plus la peine de venir vous exposer le problème, il vous « transférera » directement le mail puisque, finalement, la gestion de ce type de problèmes relève dorénavant implicitement de votre définition de fonction...) D'autre part, vous empilez sur votre bureau des charges supplémentaires que vous ferez... quand vous aurez le temps... et vous n'en avez déjà pas beaucoup !

Pour les irréductibles qui, pour un oui ou pour un non, viennent vous solliciter, vous pouvez aussi utiliser la technique du « deux pour le prix d'un ». Non seulement ils repartent avec leur problème, mais en plus vous leur confiez une mission supplémentaire. C'est une technique un peu « malicieuse », mais dont la vertu est de déclencher une soudaine prise de conscience de l'intérêt de l'autonomie !

À titre personnel, dans mes responsabilités politiques, en matière de délégation, je pratique la technique du « tout en haut et tout en bas ». D'une part, j'essaie d'être clair et enthousiasmant dans la délégation que je pratique vis-à-vis de mes collaborateurs « de direction » et, d'autre part, je n'hésite pas à aller sur le terrain voir, échanger avec ceux qui agissent au quotidien. J'évite de me perdre dans « les étages » en autolimitant mon droit d'ingérence dans la hiérarchie intermédiaire.

Fixer des objectifs lisibles, visibles, contributifs, visualisables, déléguer efficacement et mémoriser la petite histoire du singe, voilà ce qu'il vous faut retenir. Mais déléguer du « quoi », du « pourquoi » et du « comment » n'a d'intérêt que si vous greffez à cet acte ô combien essentiel du management du « pour quand ». *« Vous, les Occidentaux, vous avez l'heure mais vous n'avez jamais le temps »,* me faisait remarquer un ami africain. Et cela, on l'oublie souvent, c'est ce qui amène le leader à donner tardivement le tempo en mettant brutalement la pression sur le collaborateur ou l'équipe... en générant un stress, qu'on aurait pu éviter si le délai avait été clairement explicité dès le départ...

OUI, MAIS SANS GÉNÉRER DE STRESS

Le stress a un point commun avec le bâillement, il est communicatif ! En d'autres termes, non seulement votre propre stress, si le degré qu'il atteint est excessif, peut vous déclencher des perturbations psychophysiologiques, mais, de surcroît, il peut par effet de ricochet perturber l'activité de vos proches collaborateurs... Or, n'oubliez pas que ceux-ci ne sont pas tous égaux dans leur résistance au stress ; cela ne se voit pas toujours sur leur visage, mais si vous y prêtez attention, vous lirez dans leur comportement de véritables « communiqués de stress ».

« Quel est le bouton le plus utilisé dans un ascenseur ?
Celui qui commande la fermeture des portes... »
Un ingénieur de chez... Otis

© Groupe Eyrolles

Selon l'Agence européenne pour la santé au travail, un état de stress survient lorsqu'il y a *« déséquilibre entre la perception qu'une personne a des contraintes que lui impose son environnement et la perception qu'elle a de ses propres ressources pour y faire face »*. Il faut donc trouver le bon équilibre entre le trop peu de stress (eustress), qui conduit à l'ennui et à la baisse d'efficacité, et le trop de stress (surstress), contre-productif et nuisible à notre santé… ainsi qu'à celle de notre entourage. C'est ce que démontre de façon très claire la courbe asymptotique de Yerkes-Dodson. Il y a le stress positif qui permet de donner le meilleur de soi-même et de « booster » de façon optimum nos équipes (préparation mentale, concentration…) et il y a le stress négatif qui annihile nos capacités et celles de nos équipiers (peur paralysante, renoncement…).

En d'autres termes, se mettre la pression oui, se rendre malade, non ! Déléguer, oui ! Insister sur le côté essentiel d'atteindre l'objectif, oui… ! Mais tétaniser, et donc anesthésier les compétences, non ! Il y a des managers qui n'ont pas d'ulcères mais qui en donnent ! En parlant d'ulcères et autres conséquences d'un excès de stress, il est clair que l'angoisse a au moins un avantage, elle fait marcher le commerce, notamment celui des laboratoires pharmaceutiques. Le rapport demandé par le ministère de la Santé au Professeur Édouard Zarifian sur la consommation de psychotropes en France est alarmant : 120 millions de boîtes de tranquillisants, somnifères et antidépresseurs sont vendues chaque année. C'est le deuxième poste de remboursement de l'assurance-maladie derrière les antibiotiques.

« Je vous trouve un peu tendu, mon vieux… – Tu répètes ça et je t'en colle une ! » Cet échange, à la tonalité légèrement virile, montre qu'on agit vis-à-vis de son propre stress comme Cyrano vis-à-vis de son nez : on accepte parfois d'en parler, mais on ne supporte pas qu'un autre en parle à notre place !

Je souhaite boucler ce sujet en rappelant ce que beaucoup savent mais que finalement peu pratiquent. Pour lutter, ou plus exactement pour évacuer une partie de son stress, il faut planifier des espaces de respiration et d'oxygénation dans l'agenda et s'y tenir ! *« On a beau avoir une santé de fer, on finit toujours par rouiller »*, ironisait Jacques Prévert. Combien de fois ai-je entendu, au cours de séminaires, des cadres dirigeants me dire : « Je n'ai pas le temps ! » Ce à quoi je rétorquais systématiquement : « Si vous me dites que vous n'avez jamais le temps... Cela montre l'urgence qu'il y a à le trouver ! »

Ceux qui ont de lourdes responsabilités ont toujours (et heureusement, finalement...) une bonne raison d'annuler un footing ou un tennis planifié pourtant de longue date, dont l'objectif n'est pas uniquement de perdre des kilos (ou de se donner bonne conscience après les nombreux repas d'affaires de la semaine), mais aussi et surtout de se clarifier l'esprit. Bien entendu, un imprévu peut effectivement non pas annuler mais décaler un rendez-vous sportif et amical, mais ce report doit revêtir un caractère exceptionnel ! Si l'on considère que ce moment est essentiel pour une bonne hygiène de vie et l'équilibre personnel, alors ce rendez-vous avec vous-même doit être une absolue priorité ! Contrairement à ce que certains croient, ce moment de respiration, tout comme la mini-sieste d'ailleurs, n'est pas du temps de perdu mais, au final, du temps de gagné ! Et n'oubliez pas : *« Mens sana in corpore sana »* (un esprit sain dans un corps sain) !

> En résumé, manager en cortical droit, c'est fixer un cap en se projetant dans le futur, ce qui nécessite au quotidien de fixer, avec professionnalisme, des objectifs individuels et collectifs à ses collaborateurs. C'est aussi savoir rêver et faire partager ses ambitions sur la nature de ce futur... et se rappeler aussi que, dans la vie, on peut faire les choses sérieusement sans se prendre au sérieux...

© Groupe Eyrolles

III

Manager « cerveau total »

© Groupe Eyrolles

Huit E répartis dans les quadrants du modèle Herrmann...

Expertise Évaluation	Enthousiasme Épanouissement
Exemplarité Engagement	Écoute Équipage

■ CORTICAL GAUCHE : E COMME EXPERTISE

> *« Trop de gens se servent des études comme un ivrogne d'un réverbère : davantage pour s'appuyer que pour éclairer »*
> David Ogilvy

Ce mot caractérise assez bien le cortical gauche qui va au fond des choses, qui aime l'extrême précision et qui va donc « triturer » une information pour en évaluer la profondeur. Cette qualité comporte cependant souvent deux revers :

- Tout d'abord, la réflexion et le goût du décorticage sont souvent chronophages et peuvent parfois nuire à l'esprit de synthèse nécessaire au manager.

© Groupe Eyrolles

- D'autre part, et cela est symptomatique chez beaucoup d'ingénieurs issus des grandes écoles, les corticaux gauches ont souvent tendance à manager les équipes comme ils managent les *process* techniques, ce qui génère des erreurs parfois irréversibles en matière de leadership. *« Si le monde explose, la dernière voix audible sera celle d'un expert disant que la chose est impossible »*, ironise Peter Ustinov.

■ CORTICAL GAUCHE : E COMME ÉVALUATION

Qu'elle soit positive ou négative, l'évaluation fait partie intégrante de la panoplie quotidienne des outils du manager. Ne pas la pratiquer, par oubli ou par peur, est une vraie faute professionnelle. Ce n'est pas en mettant la poussière sous le tapis qu'on nettoie correctement la maison !

D'ailleurs, comment peut-on l'oublier… L'évaluation du personnel se fait aujourd'hui à travers l'application scrupuleuse de méthodes, de techniques d'entretien et de fiches spécifiques à compléter. Je ne nie pas l'intérêt de toutes ces procédures qui tentent de faciliter et d'optimiser l'objectivité de l'appréciation en donnant un mode d'emploi uniforme à tous les $n + 1$ de l'entreprise… Pour autant, je reste dubitatif devant tous ces manuels d'utilisation. On ne doit pas travestir la relation avec des procédures. Selon moi, il n'est pas judicieux de rendre trop technique ou trop normatif un mode relationnel qui doit garder un côté naturel, spontané et permanent ! L'évaluation ne se fait pas une fois par an à la date anniversaire de l'entrée du salarié dans l'entreprise. L'évaluation se fait tous les jours à chaque fois que c'est nécessaire.

C'est pour cette raison que j'ai toujours été réticent à la notion d'entretien annuel d'évaluation, qui laisse supposer que cet exercice périlleux se fait de façon annuelle. Combien de fois ai-je rencontré dans les entreprises des responsables de service me dire : « Je suis à la bourre… je n'ai pas encore commencé les entretiens avec

© Groupe Eyrolles

mon équipe. J'en ai huit à faire d'ici demain soir ! » Tout cela n'est pas très sérieux et montre la limite d'une procédure sur le sujet qui lui donne un côté contraignant.

« Sans la liberté de blâmer, il n'est point d'éloge flatteur », disait Beaumarchais. L'évaluation, pour qu'elle soit réussie, c'est-à-dire acceptée et débouchant sur « un mieux et un plus », doit se faire « intelligemment » et avec assertivité. Être professionnel dans l'évaluation, c'est par exemple n'émettre qu'une seule critique à la fois pour éviter le sentiment de lapidation, c'est le faire sans ironie et en évitant les comparaisons avec d'autres collaborateurs, c'est parler des conséquences de l'acte ou du comportement inapproprié qu'il faut corriger, c'est le faire en privé dans un endroit calme, c'est le faire en étant factuel et sans s'excuser de le faire, c'est enfin se quitter positivement en se mettant d'accord sur l'évolution attendue...

Deux choses pour conclure : je ne viens de parler que de l'évaluation négative... je rappelle que l'évaluation, c'est aussi diffuser du positif. Et n'oublions pas également que l'évaluation commence par soi-même ! C'est aussi cela l'exemplarité.

LIMBIQUE GAUCHE : E COMME EXEMPLARITÉ !

« Connaître les autres, c'est sagesse.
Se connaître soi-même, c'est sagesse supérieure.
Imposer sa volonté aux autres, c'est force.
Se l'imposer à soi-même, c'est force supérieure. »

Lao Tseu

On ne transmet pas uniquement ce que l'on sait et ce que l'on veut, on transmet aussi ce que l'on est. L'exemplarité, c'est surtout une mosaïque de petites choses, de petits mots, de petits gestes, de petites attentions :

- Savoir dire bonjour ;
- Remercier un collaborateur ;

- Faire et ne pas uniquement dire. Par exemple, ne pas oublier que mon absence à des événements préparés par le personnel est plus parlante et plus remarquée que mes discours sur l'engagement et la reconnaissance.

« Donner l'exemple n'est pas la chose la plus importante si on veut influencer les autres. C'est la seule possible ! », rappelle Albert Schweitzer.

LIMBIQUE GAUCHE : E COMME ENGAGEMENT

« Quand tu auras désappris à espérer, je t'apprendrai à vouloir. »
Sénèque

Vous n'êtes pas seulement ce que vous avez l'habitude d'être, vous pouvez devenir celui que vous avez envie d'être, y compris dans vos fonctions de manager. Encore faut-il vouloir s'engager, s'exposer, prendre des risques, mais *« un maximum de risques avec un maximum de précautions »*, s'il faut en croire Rudyard Kipling.

Si vous considérez que certaines idées développées dans ce livre sont de nature à faire évoluer votre approche du management, j'en suis très heureux, et il vous revient maintenant de prendre des résolutions et de vous engager pour transformer ces connaissances en compétences. Et inspirez-vous de ces propos de William Arthur Ward : *« Le pessimiste se plaint du vent, l'optimiste espère qu'il va changer, le réaliste ajuste ses voiles. »*

LIMBIQUE DROIT : E COMME ÉCOUTE...

« Si la nature nous a doté de deux oreilles et d'une seule bouche, c'est bien pour nous montrer la primauté de l'écoute sur la parole. »
Zénon

© Groupe Eyrolles

L'écoute, c'est l'école de la modestie, de l'humilité et du respect. *« La modestie est au mérite ce que les ombres sont aux figures dans un tableau : elles lui donnent de la force et du relief »*, écrit Jean de la Bruyère. Ce que Don Corleone dans *Le Parrain* complète ainsi : *« J'aime énormément mes enfants, et je les gâte trop comme vous le voyez ; ils parlent alors qu'ils devraient écouter. »*

Celui qui ne se sent ni vu, ni écouté, ni estimé n'acceptera jamais de devenir acteur et n'acceptera jamais d'apporter autre chose que son temps dans la vie professionnelle. Alors que *« l'intelligence est un fruit que l'on ramasse dans le jardin de son voisin »*, selon un proverbe congolais, un collaborateur « oxygène » n'est contributif que si on l'écoute.

Exprimer ses désaccords, ses réserves ou ses craintes n'étant pas un droit mais un devoir, il vous revient donc de solliciter l'avis de vos collaborateurs sans afficher en amont avec trop de force ou d'autorité votre propre conviction. Indiquez-leur que vous appréciez plus leur aptitude à dire ce qu'ils pensent que leur talent à deviner ce que vous pensez : en les écoutant, vous enrichirez la décision qui sera prise.

Une fois que le principe de l'écoute est accepté, ce qui est moins évident qu'on le croit, il faut mettre en place les modalités de cette écoute. Et si ce n'est pas un effet de style, et que vous cherchez vraiment à optimiser cet outil de management, il faut que ce soit vous qui alliez vers les autres. Vous avez besoin de l'avis d'un équipier, allez le solliciter sur son terrain là où il est bien, là où il est à l'aise pour communiquer. Le pire endroit pour écouter et prendre des décisions, c'est votre bureau. Décentralisez vos décisions ! Clemenceau, « le père de la victoire », passait un tiers de son temps à visiter la ligne de front, les officiers bien sûr, mais surtout les Poilus ! Comme l'a un jour résumé un ancien Premier ministre, soyez à « portée de claques » !

Il existe des techniques simples pour ce faire, même si le mot « technique » est en l'occurrence inapproprié, car cela relève une

© Groupe Eyrolles

fois de plus d'un état d'esprit. Je pense en particulier à ce que les Américains appellent le MBWA (*Management By Walking Around*) qui consiste à planifier, sans en parler…, des moments de contacts sur le terrain, dans les services ou les ateliers. La périodicité peut varier selon la nature et l'étendue « géographique » de votre responsabilité, mais le principe est de considérer que ce « rendez-vous » est très important et que vous devez vous y tenir. On ne peut pas prétendre être un homme d'écoute quand on a un agenda plein comme un œuf. Ces « interstices » d'échanges et de respiration font partie intégrante et essentielle du job de manager. Écoutez à ce propos Lao Tseu : *« La raison pour laquelle les rivières et les mers reçoivent les hommages de centaines de ruisseaux des montagnes, c'est qu'ils restent plus bas qu'eux. »*

Qui dit périodicité ne dit pas automaticité quant au jour et à l'heure. Si vous voulez découvrir le vrai visage du terrain, ne soyez pas trop précis dans votre calendrier de visites… D'ailleurs, si vous ne planifiez pas vos rencontres terrain, et que, par acquit de conscience, vous invitez vos équipiers à passer quand ils veulent car votre bureau est grand ouvert, cela me fait penser à cet ami qui me dit depuis des années de venir manger chez lui quand je veux, sans jamais me proposer une date précise. Le résultat sera le même : il n'y a jamais eu et il n'y aura jamais de repas… pas plus que vos collaborateurs ne franchiront la porte de votre bureau pour échanger avec vous…

Lorsque, chez Danone, j'intervenais dans le secteur des eaux minérales, j'appréciais toujours l'intervention du directeur de l'établissement de Volvic qui faisait un parallèle entre les pannes techniques et les pannes relationnelles en déclarant haut et fort qu'il fallait également dans les relations humaines mettre en place une maintenance préventive !

© Groupe Eyrolles

▦ LIMBIQUE DROIT : E COMME ÉQUIPAGE

> *« Si tu veux marcher vite, marche seul.*
> *Si tu veux marcher longtemps, marche ensemble. »*
>
> Proverbe africain

Faire vivre une entreprise, la pérenniser et la développer, est une véritable expédition collective. Pour y parvenir, il faut le meilleur équipage possible. J'ai suffisamment insisté sur cette notion qui relève d'une évidence basique… et pourtant, le manager passe un temps impressionnant (et fatigant) à rappeler cette règle de survie aux coéquipiers. Nos services, nos ateliers, nos entreprises ne doivent pas devenir des *galleras*, ces arènes où l'on assiste à des combats de coqs, grand sport populaire en République dominicaine.

Dans les nombreux séminaires que j'ai animés durant mon parcours de consultant, j'ai très souvent utilisé, comme support pédagogique, le premier film de Sydney Lumet, réalisé en 1957, *Douze Hommes en colère*. On y voit Henry Fonda obtenir l'unanimité des douze jurés pour décider de l'acquittement d'un jeune Portoricain accusé d'avoir tué son père. Ce film est une présentation scénarisée des vertus que sont la patience, la réflexion et la perspicacité. Ce film est aussi la démonstration que « ensemble » ne signifie pas toujours « décider à la majorité », ce qui est à l'évidence pratique, rapide, démocratique, mais parfois tout sauf judicieux.

« Équipage » signifie s'écouter, être capable tout simplement de considérer la remarque de l'autre comme aussi pertinente que la sienne. *« Aimez-vous les uns les autres ou disparaissez ! »*, chante Juliette Gréco. C'est ce que l'on appelle en agriculture la fertilisation croisée… Pour cela, il faut un manager qui puisse orchestrer ces compétences en faisant en sorte que chacun donne le meilleur de lui-même au service de tous.

Je préfère le terme d'équipage à celui d'équipe. Quand on parle d'équipage, l'image qui nous vient spontanément à l'esprit est

© Groupe Eyrolles

celle d'un commandant de bord entouré de son personnel navi-
guant. D'ailleurs, pour tout vous dire, le titre initial de ce livre était
Si les chiottes ne fonctionnent pas, l'avion ne décolle pas. J'ai longtemps hésité à retenir ce titre et, au final, le « politiquement cor-
rect » l'a emporté... Je ne l'ai pas retenu. Ce titre était révélateur
d'un style simple, direct et humoristique que j'affectionne tout particulièrement. Ce sont d'ailleurs là des vertus qui, on l'a vu au cours
du moment que nous avons passé ensemble, constituent un socle
fondamental de la relation interpersonnelle du management. Mais
surtout, sur le fond, ce titre osé et provocateur exprimait clairement
l'idée forte que je souhaite faire passer : chacun à sa place, dans
l'entreprise, et, quelle que soit cette place, a un rôle essentiel à
jouer. Ensuite, le mot « équipage » sous-tend un mouvement, un
déplacement, un voyage, une aventure, une expédition collective,
ce qui est le cas quand on parle d'entreprise. Enfin, « équipage » a
une connotation plus professionnelle et évoque une responsabilité
vis-à-vis des autres, et notamment vis-à-vis de ceux que l'on
entraîne dans l'aventure.

*« Pour gouverner les hommes, il ne faut pas être au-dessus d'eux
mais avec eux »*, écrivait Montesquieu. La complémentarité d'un
équipage est une subtile alchimie qui se construit dans le temps.
Et, comme dans toute alchimie, il y a un aspect occulte et mysti-
que. C'est normal, puisque, dans le management, tout ne s'explique pas ! Il y a 2 000 ans, l'historien grec Denys d'Halicarnasse a
inventé le concept de hiérarchie. Au début du XXe siècle, Henri
Fayol, ingénieur des Mines, a créé, quant à lui, la notion de services. Ces deux découvertes, dont l'objet louable était de rationali-
ser les méthodes de travail, ont territorialisé les activités et les
statuts dans l'entreprise.

Dans beaucoup d'entreprises, il faut gommer ces frontières, suppri-
mer cette forme de fils barbelés et veiller à ce qu'il n'y ait pas d'États
dans l'État. *« Il y a plus d'Hommes qui bâtissent des murs que
d'Hommes qui bâtissent des ponts »*, dit un proverbe chinois. En

effet, dans beaucoup de grandes organisations (cela ne concerne d'ailleurs pas que les entreprises...) régies par les statuts, les diplômes, les concours, les titres, les grades, les échelons, les hiérarchies pesantes, les défenses de territoire, les avantages acquis..., la pyramide a retrouvé sa vocation originelle : celle de tombeau. Qui a dit : « *C'est mon service, c'est mon budget, c'est ma secrétaire, c'est mon fax, c'est mon os... Ne touche pas ou je mords !* » ? À vous de trouver...

Carlos Ghosn, lorsqu'il était P-DG de Nissan (contraction de Nihon Sangyo, littéralement « l'industrie japonaise ») avait élaboré un plan de redressement NRP (*Nissan Revival Plan*, Plan de Renaissance de Nissan) dont la transversalité du fonctionnement des équipes était au cœur de la méthode. Dans son livre *Citoyen du monde*[1], il abordait le sujet en ces termes : « *Casser les murs, visibles et surtout invisibles, qui font de la collectivité de l'entreprise un assemblage de chapelles, de bastions, de tribus, avec leur propre langage, leurs valeurs, leurs intérêts. Ouvrir en grand portes et fenêtres. Forcer les gens à se parler et à s'écouter, à échanger ce précieux savoir qui est aussi l'essence de leur pouvoir...* » En d'autres termes, les accords de Schengen valent aussi pour l'entreprise...

J'oubliais une règle d'or que vous avez en commun avec tous les entraîneurs de foot : vous n'aurez jamais l'équipe souhaitée ! Il faut donc composer avec celle que vous avez, en faire la meilleure pour qu'elle puisse devenir un équipage au sens de la devise latine des Américains « *E pluribus unum* », c'est-à-dire un à partir de plusieurs.

---

1. Publié chez Grasset en 2003.

■ CORTICAL DROIT : E COMME ENTHOUSIASME

> *« Dans les œufs au bacon, la poule s'implique*
> *et le cochon s'investit. »*
>
> Dicton anglais

> *« L'homme meurt une première fois à l'âge*
> *où il perd l'enthousiasme. »*
>
> Honoré de Balzac

Il n'existe pas, selon moi, de formule magique pour déclencher auto-matiquement l'enthousiasme de ses collaborateurs (lire la lettre de Guy Mocquet dans les vestiaires ou faire le hakka sur le terrain ne réussissent pas à chaque fois). En revanche, je suis persuadé qu'il ne peut y avoir, en tout cas dans la durée, de collaborateurs enthou-siastes sans un manager enthousiaste et enthousiasmant... Cette loi du transfert motivationnel est d'ailleurs valable sur le plan parental, professoral et professionnel.

« Tous les grands moments de l'histoire du monde sont attribuables au triomphe de l'enthousiasme », rappelle Ralph Waldo Emerson. La notion de transfert du plaisir est primordiale : chacun sait que les enseignants les plus appréciés sont ceux qui aiment ce qu'ils ensei-gnent et qui paraissent oublier les impératifs du programme pour faire partager leur passion. Rien n'est aussi contagieux que l'amour du savoir ! Autant l'enseignant ne peut se contenter de se comporter comme un fournisseur de savoir où il remplirait les rayons vides de la bibliothèque de l'enseigné, autant le manager ne peut se limiter à être un fournisseur de travail en ne diffusant que la feuille de route de la journée. *« Instruire, c'est construire ! »*, disait Victor Hugo. *« Il n'y a point d'objet d'étude dont, chez un homme libre, un comportement servile doive accompagner l'étude... Garde-toi bien de donner aux enfants par force l'aliment des études. Il faut se mêler à leurs jeux afin d'être encore plus capable d'apercevoir quelles sont les inclinaisons naturelles de chacun »*, fait observer Platon. De nombreux échecs professionnels (ou scolaires, comme nous l'avons vu précédemment)

© Groupe Eyrolles

sont davantage dus à une absence de motivation qu'à une absence ou une insuffisance de capacités intellectuelles.

Montaigne, l'homme qui a appris le latin avant le français, et ancien maire de Bordeaux, a beaucoup écrit sur le sujet, lui qui considérait qu'il vaut mieux avoir *« une tête bien faite plutôt qu'une tête bien pleine »* et qu'il est préférable de forger son âme que de la meubler. Il écrivait : *« Un enfant n'est pas un vase qu'on remplit mais un feu qu'on allume. »*

▪ CORTICAL DROIT : E COMME ÉPANOUISSEMENT

> *« Vivre est ce qu'il y a de plus rare au monde ;*
> *la plupart des gens existent, c'est tout »*
> Oscar Wilde

Dans notre métier « itinérant », où l'on va de chantier en chantier (de consulting), j'ai toujours été frappé par les différences d'ambiance existantes selon les entreprises. Il y a des entreprises où les gens sont, de façon chronique, tristes et inquiets. À croire que le mot « travail » a des relents étymologiques (« travail » vient de *tripalium*, qui veut dire instrument de torture)... Et il y en a d'autres où les gens sourient, rient, semblent épanouis et heureux d'être là ! D'ailleurs, parfois, on nous sollicite pour « relancer » ou « réhabiliter » l'ambiance d'un service ou d'une entreprise, auquel cas le séminaire de formation devient un prétexte pour mettre un peu de liant et un peu de « fun » dans l'équipe. Quand on cherche subrepticement à investiguer pour comprendre l'origine de cette « dépression », le « coupable » du malaise, c'est toujours l'autre...

Quoi qu'il en soit, nous en profitons pour rappeler deux principes fondamentaux.

- Premièrement, on a le droit de faire les choses sérieusement sans se prendre au sérieux ! Je ne sais pas si c'est notre morale judéo-chrétienne qui est responsable de cette attitude mortifiante dans

© Groupe Eyrolles

l'entreprise, où le sourire et le rire sont parfois vécus comme de la provocation, de la moquerie et du « je-m'en-foutisme », mais il est urgent dans de nombreuses organisations déprimées de rétablir solennellement l'humour dans ses droits et ses fonctions. Comme le dit si bien l'ancien joueur de rugby Daniel Herrero, même le plus féroce des patrons se rend compte que quand l'homme est heureux, il a plus de chances d'être performant ! Voici deux préceptes d'importance. La Bruyère, d'abord : *« Une journée où l'on n'a pas ri est une journée de perdue. »* Voltaire, ensuite : *« J'ai décidé d'être heureux parce que c'est bon pour la santé. »*

- Ensuite, il me paraît utile de rappeler que le manager a un rôle prépondérant dans la création et la maintenance de l'ambiance de son service.

L'exemplarité vaut aussi pour la bonne humeur. Vous ne pouvez pas espérer avoir des collaborateurs gais, détendus et agréables si vous-même êtes fermé, agressif avec « le trou du cul serré ». *« Le bonheur n'est pas un événement, c'est une aptitude. »* J'aime beaucoup cette phrase de la Rochefoucauld. Elle m'a beaucoup fait méditer et m'a aidé à comprendre qu'il n'y a pas de meilleur moment pour être heureux que le moment présent.

Par le passé, j'ai souvent eu tendance, dans ma vie personnelle, familiale, professionnelle et politique, à projeter le bonheur (je serai heureux quand je serai réélu parlementaire, quand mon fils aura son bac, quand mon contrat de consulting chez Danone sera renouvelé...). Cette façon de penser est une vue de l'esprit, car tel le rocher de Sisyphe, il y a toujours des défis et des projets à terminer... En d'autres termes, j'ai compris qu'il n'y a pas de chemin menant au bonheur puisque c'est le chemin lui-même qui est le bonheur ! Le bonheur est une trajectoire et non une destination. Il suffit juste d'apprécier chaque bon petit moment : rire, aimer, entendre la pluie tomber, sortir de la douche et s'essuyer avec une serviette toute chaude, avoir une conversation intéressante et, pour en revenir à l'objet de ce chapitre, partager de bons moments avec ceux qui nous entourent sur le plan

© Groupe Eyrolles

professionnel. *« On cherche le bonheur comme on cherche ses lunettes quand on les a sur le nez »*, ironise André Maurois.

L'épanouissement d'une équipe, ça se construit et ça s'entretient… et ce, dès les premiers instants. C'est pour cela, par exemple, qu'il ne faut pas bâcler l'accueil d'un nouveau collaborateur. Il se souviendra toute sa vie de cette première journée ! Dans nos entreprises, on organise des pots de départ et l'on néglige ou l'on passe sous silence l'arrivée de nouveaux collègues. On préfère, en quelque sorte, faire la fête et montrer sa joie à ceux qui partent qu'à ceux qui arrivent… Quant à ceux qui restent, je ne vous en parle pas !

Et pour finir, laissons la parole à Jean Cocteau : *« Le bonheur exige du talent. Le malheur pas. »*

© Groupe Eyrolles

9

Manager avec efficacité, c'est manager « cerveau total » !

Ça veut dire quoi concrètement ?

∎ CELA VEUT DIRE COACHER SES ÉQUIPIERS...

> *« Connais-toi toi-même. »*
> Déclaration d'Apollon inscrite à l'entrée du temple de Delphes

Pour accompagner l'évolution d'un collaborateur, pour une évaluation individuelle, pour visualiser un projet de développement personnel ou un souhait de mobilité interne, le HBDI (Herrmann Brain Dominance Instrument) est un formidable outil d'introspection. Cet inventaire de personnalité permet de mettre en lumière d'éventuels écarts entre ce que je dois faire, ce que je sais faire et ce que j'aime faire ! Ce check-up des exigences, des compétences et des préférences permet notamment de mettre en exergue des besoins individuels de formation et/ou de déclencher la mise en place de nouvelles organisations...

■ CELA VEUT DIRE CHOISIR JUDICIEUSEMENT SES COLLABORATEURS ET ANIMER LES POTENTIELS DE L'ÉQUIPE…

« The right man in the right place. »

L'approche des préférences cérébrales développée par Ned Herrmann peut être utilisée pour le recrutement, l'élaboration des définitions de fonction, la politique de communication interne, l'élaboration d'un *team building* ou d'une approche individualisée du management.

Un outil comme celui-là pointe notamment du doigt l'intérêt de ne pas pratiquer le « clonage » dans le recrutement des membres du comité de direction. Nonobstant un éventuel intérêt ubiquiste, il est évident que la « consanguinité » d'anciens d'une même et belle grande école n'est pas le meilleur moyen de multiplier les avis, les analyses, et donc les sources d'inspiration pour développer l'entreprise.

© Groupe Eyrolles

Pour s'en convaincre, il suffit de revoir la très belle comédie américaine *Multiplicity* (*Mes doubles, ma femme et moi*) avec Andie Mcdowell et Michael Keaton. Ce dernier, alias Doug Kinney, complètement débordé et stressé par son travail et sur le point de craquer, accepte la proposition de se faire cloner. Ce don d'ubiquité, de nombreux managers aimeraient en être pourvus. Du coup, lorsqu'ils ont l'occasion de recruter un numéro deux, ils sont enclins à l'imaginer comme un prolongement d'eux-mêmes. Mais, comme dans ce film, choisir un clone comme bras droit se révèle souvent être contreproductif car, en cas d'erreur, personne n'est là pour tirer la sonnette d'alarme. *« À vieux chasseur, il faut jeune chien ; à jeune chasseur, il faut vieux chien »*, dit avec clairvoyance un proverbe chinois

Le film d'Harold Ramis n'est donc pas une bonne source d'inspiration. En revanche, l'histoire du Roi de Navarre et de son premier ministre, Maximilien de Béthune dit Sully, en est une... Entre le « vert galant » (l'homme aux cinquante-quatre conquêtes...), très cerveau droit (malgré un précepteur qui s'appelait Henri de la Gaucherie...), et un technocrate protestant très travailleur ayant contribué à désendetter la France, et donc très cerveau gauche..., il y a là un bel exemple d'amitié, de complicité et de complémentarité. Nous pourrions aussi nous inspirer du célèbre couple Rolls-Royce. Charles Stuart Rolls, jeune aristocrate, pilote de course et excellent commercial, a, un jour de 1906, associé ses compétences à celles de Frederik Henry Royce, cinquième enfant d'un meunier, ingénieur et mécanicien génial. Vous savez ce qu'il advint de cette union...

Il ne faut pas voir l'autre comme différent mais bel et bien comme complémentaire. À ceux qui privilégient la pensée corticale, et donc la réflexion, la conceptualisation et le détachement intellectuel, il faut adjoindre des limbiques qui pousseront à l'action, au pragmatisme et à l'efficacité. *« Penser de façon stratégique et agir de façon primitive »*, écrivait René Char. À ceux qui privilégient l'hémisphère gauche, et donc l'analyse, la précision, l'expérience et la prudence, il faut adjoindre des hémisphères droits qui pousseront à la syn-

© Groupe Eyrolles

thèse, à la rapidité et à la créativité. Des corticaux, des limbiques, des cerveaux droits, des cerveaux gauches... voilà la mêlée la plus efficace ! Comme disent les Anglais à propos du rugby : « *No scrum, no win !* » (Pas de mêlée, pas de victoire).

■ CELA VEUT DIRE ANTICIPER LES CONFLITS RELATIONNELS...

> « *Il en est des défauts, comme des phares d'automobile ; seuls ceux des autres nous aveuglent.* »
>
> Maurice Druon

> « *Nous devons apprendre à vivre ensemble comme des frères ou à périr ensemble comme des imbéciles.* »
>
> Martin Luther King

Dans la gestion des équipes, le modèle Herrmann peut aussi servir d'éclairage à la compréhension de certains conflits interpersonnels. Si les préférences communes ne sont pas sources de créativité, et donc de progrès, elles présentent au moins l'avantage de limiter les conflits...

En revanche, les relations « diagonales » d'un cortical gauche privilégiant les aspects techniques et chiffrés et d'un limbique droit sensible aux aspects humains peuvent être délicates et truffées d'incompréhension... Tout comme celles d'un limbique gauche à cheval sur les principes et maniaque du rangement et d'un cortical droit peu scrupuleux et légèrement bordélique... peuvent ressembler à *Règlement de comptes à OK Corral*.

Le mariage des contraires ou de « la carpe et du lapin » n'est pas simple à organiser...

Pour en revenir aux portraits robots limbique gauche et cortical droit présentés précédemment, la relation qu'ont entretenue de Gaulle et Churchill est éloquente à ce sujet. François Kersaudy, l'auteur de

© Groupe Eyrolles

De Gaulle et Churchill, la mésentente cordiale[1], analyse avec excellence *« la complicité, les brouilles et les réconciliations entre les deux plus grands hommes du XXe siècle, personnages de légende au caractère entier et à l'idéal intransigeant »*. Les anecdotes succulentes pour présenter... et parfois justifier, j'en conviens... la diagonale du fou « limbique gauche-cortical droit » régissant les relations entre le francophile et l'anglophobe sont pléthore. Le premier accroc remonte à 1941 quand les Anglais arrêtent pour espionnage Muselier, vice-amiral, chef des forces navales de la France libre, ce qui ne plut guère au grand Charles. Churchill à de Gaulle : *« Si vous m'obstaclerez, je vous liquiderai. »* Ce à quoi le Général répondra : *« Vous êtes libre de vous déshonorer... »* Et ce merveilleux propos de Winston Churchill : *« La croix la plus lourde à porter, c'est la croix de Lorraine. »*

---

1. Publié aux Éditions Perrin en 2001.

© Groupe Eyrolles

Les deux dernières anecdotes sont très symboliques de la relation « oxymore » de ces deux grands personnages : Harold Nicolson (sous-secrétaire d'État à l'Information pendant la Seconde Guerre mondiale) ose un jour dire à Winnie : « *Le général est un grand homme.* » Ce à quoi ce dernier répond : « *Un grand homme ? Il est arrogant, il est égoïste, il se considère comme le centre de l'univers... il est... vous avez raison, c'est un grand homme.* » Plus tard, de Gaulle reconnaîtra que son ami-ennemi fut « *le grand champion d'une grande entreprise et le grand artiste d'une grande histoire* ». Le 11 novembre 1940, Charles de Gaulle se recueille devant le monument aux morts de Londres. Voyant arriver Churchill en retard, habillé en dandy dans une tenue extravagante, il lui lance : « *Ce n'est pourtant pas le carnaval de Londres...* » Ce à quoi il s'entend répondre avec la même spontanéité : « *Tout le monde ne peut pas être habillé en soldat inconnu.* » Même si, comme le disait Churchill, « *la liaison a du mal à "liaiser"...* » entre eux, François Kersaudy résume très bien tout cela en concluant : « *Aussi vives qu'aient été leurs querelles, ils n'en avaient pas moins pendant plus de cinq ans navigué côte à côte en se guidant d'après les mêmes étoiles sur la mer démontée de l'histoire.* »

■ CELA VEUT DIRE CONVAINCRE UN CLIENT OU UN AUDITOIRE...

> « *Ceux qui ont des idées et ne savent pas les exprimer ne sont pas plus avancés que ceux qui n'ont pas d'idées.* »

Le modèle Herrmann peut également être un outil performant pour élaborer un argumentaire commercial en quatre couleurs ou pour structurer un exposé.

Pour l'élaboration de l'argument commercial, selon la préférence de votre interlocuteur prospect, ce qui n'est pas indiqué sur son front (j'en conviens volontiers), il vous faut concentrer votre présentation vers le quadrant préférentiel de celui que vous cherchez à convain-

© Groupe Eyrolles

cre. À défaut d'informations sur son mode cognitif préférentiel, car c'est votre premier contact, arrosez-le d'arguments en quatre couleurs et observez ses réactions pour capter ses sensibilités !

Pour la prise de parole en public, l'accroche se fera par une anecdote limbique droit, le corps de l'intervention (analyse de la situation existante et propositions) se fera dans l'hémisphère gauche, et la conclusion, dont l'objet est de déclencher l'adhésion, l'enthousiasme et de faire de vos interlocuteurs des ambassadeurs de votre produit, de votre idée ou de votre projet…, doit se faire avec un vocabulaire et une tonalité relevant du cortical droit.

ET, EN CONCLUSION, CELA VEUT DIRE PRATIQUER LE JAZZ-MANAGEMENT !

> *« Deux excès : exclure la raison ou n'admettre que la raison. »*
> Blaise Pascal

Il y a encore quelque chose de plus compliqué qu'un cerveau, c'est une société de cerveaux. Il est évident qu'un melting-pot de cerveaux est plus compliqué à manager que la pensée unique, mais c'est indispensable pour optimiser les chances de succès de l'entreprise.

Et là, le modèle Herrmann, à travers un profil collectif, met en lumière, avec beaucoup de simplicité et de pédagogie, les atouts et les faiblesses d'une équipe de direction. En effet, la forte concentration sur un quadrant, ou l'extrême dispersion sur la carte comportementale Herrmann peut expliquer beaucoup de choses… dans la relation quotidienne des membres de l'équipe concernée. Et pourtant, de ce profil collectif dépend souvent l'avenir de l'entreprise. La seule question qui vaille étant : la différence est-elle perçue comme une source de divergence insurmontable et de conflit ? Ou est-elle perçue comme une source de richesse et de complémentarité ? C'est la réponse à cette question qui parfois explique les succès ou les échecs d'une équipe.

En zoologie, cette notion de « casting » est bien connue des ento-mologistes, ils l'appellent l'intelligence dispersée. C'est notre incul-ture de la diversité qui nous fait appréhender toute différence en contraire et en conflit. La diversité n'est pas synonyme de désordre. Nous pouvons tirer un grand profit à remplacer les « ou » par des « et ». Dans cette optique, le rêve peut très bien se marier avec la raison, le savoir avec l'émotion, et les vérités, aussi différentes soient-elles, déboucher sur une action cohérente. *« Le courage, c'est d'aller à l'idéal et de comprendre le réel »*, préconisait Jean Jau-rès. Le célèbre livre d'Hermann Melville *Moby Dick* en est une démonstration littéraire.

Le rôle du dirigeant est de mettre du mouvement et de faire le lien entre des réalités variées. Peter Drücker, une des références mondia-les en matière de réflexion sur l'art de manager, utilise à ce sujet une très belle métaphore. Il considère le manager comme un chef d'orchestre de jazz où chacun peut improviser, s'approprier des espa-ces de liberté individuelle tout en respectant la mélodie générale. Un chef d'orchestre qui, en quelque sorte, met en valeur ses solistes. *« Le chef d'orchestre est un prisme, une sorte de diamant, par lequel passent les faisceaux de toutes les individualités de l'orchestre »*, concluait Arturo Toscanini, qui savait de quoi il parlait. Chacun amène son unicité au service du collectif ; ce qu'il apporte à la communauté, c'est sa différence, que Jung qualifie d'« individuation ». Pour rame-ner cette illustration au modèle Herrmann, pour performer :

- Il faut les meilleurs financiers, les meilleurs chercheurs, c'est-à-dire les meilleurs corticaux gauches ;

- Il faut les meilleurs collaborateurs au service des méthodes, à la production, au suivi qualité, c'est-à-dire les meilleurs limbiques gauches ;

- Il faut les meilleurs commerciaux et un service ressources humaines capable de transformer les hommes et les femmes de l'entreprise en richesses humaines (recrutement, formation, motivation...), c'est-à-dire qu'il nous faut les meilleurs limbiques droits ;

© Groupe Eyrolles

- Il faut les meilleurs collaborateurs au marketing. Avant, on leur demandait d'anticiper les attentes des clients, maintenant on leur demande de plus en plus d'imaginer un nouveau monde et d'amener un nombre croissant de personnes à l'habiter. C'est le marketing de l'offre nourri par l'innovation... Pour ce, il faut à l'entreprise les meilleurs corticaux droits.

Et il faut mettre tout ce petit monde en musique, non seulement en respectant leur différence, mais en la cultivant et en en faisant la force de l'entreprise. Pour gagner, l'entreprise doit avoir des Giscard, des de Gaulle, des Danton et des Churchill !

L'excellence de l'entreprise ne rime pas avec un espace de concentration des préférences individuelles sur la cible Herrmann mais bel et bien avec une « répartition » sur toute la cible des préférences de l'équipe. Le management s'organise ainsi comme un puzzle où les pièces s'emboîtent pour aboutir à une organisation dont l'efficacité est décuplée !

Telle la devise œcuménique de l'Union européenne, notre équipe devient ainsi *« unie dans la diversité »*. Car, effectivement, dans le monde qui est le nôtre, pour avoir une chance de gagner, il faut une équipe à cerveau total et il faut :

© Groupe Eyrolles

- De l'humanité et de l'efficacité ;
- De la souplesse et de la rigueur ;
- Du respect et de l'audace ;
- De la réflexion et de l'action ;
- De l'expérience et de l'expérimentation ;
- Du respect et de la transparence ;
- Des idées et beaucoup de travail ;
- Et un bon chef d'orchestre !

© Groupe Eyrolles

Conclusion

On arrive au bout de notre périple. Si vous en êtes là, c'est que vous avez fait preuve de beaucoup de persévérance. Je vous en remercie, la persévérance est une qualité également nécessaire pour être un bon manager...

Avant de vous laisser à vos méditations, je voudrais redire que ce modeste pamphlet sur le management n'aurait pas vu le jour si je n'avais pas eu la chance d'avoir une vie aussi truffée de rencontres passionnantes. Ces contacts avec tous ces chefs d'entreprise, ces leaders politiques, ces écrivains... ont nourri ce livre. Pasteur écrivait : « *Le hasard ne rencontre que les esprits bien préparés.* »

Je crois beaucoup à cette analyse qui est un appel à la vigilance et à la capacité de capter les opportunités qui ne manquent pas de se présenter à nous. C'est ce que j'ai essayé de faire dans cet ouvrage.

Je n'ai pas la prétention d'être un inventeur en matière de techniques de leadership, je suis un observateur des autres et je suis un praticien du management. Pour tout vous avouer, moi qui suis un pur limbique, j'en ai « bavé » pour coucher sur le papier toutes ces idées, mais j'espère que vous avez apprécié cet effort...

© Groupe Eyrolles

Index des noms propres cités

C

Camus Albert, 24
Caroll Lewis, 52
Cattell James McKeen, 14
Cendras Blaise, 88
Chaban-Delmas Jacques, 47
Chamberlain Neville, 106
Changeux Jean-Pierre, 25
Char René, 137
Chateaubriand, 23
Chirac Jacques, 43, 47, 49, 84
Churchill Winston, 103, 138,
    140, 143
Citium Zénon de, 38
Clemenceau Georges, 65, 125
Cohen Laurent, 28
Colette, 25
Coluche, 12, 83
Courteline Georges, 65
Couve deMurville Philippe, 59
Curie Marie, 17

D

d'Astier Emmanuel, 59
d'Halicarnasse Denys, 128
D'Hippocrate, 34
Dac Pierre, 67
Damasio Antonio, 24
Danone, 92, 126
Danton Georges Jacques, 71,
    98, 143
Debré Michel, 47
Demilly Fernand, 54
Deniau Jean-François, 87

Desmoulins Camille, 72
Devos Raymond, 51
Drücker Peter, 142
Druon Maurice, 138

E

Ekman Paul, 22
Electric General, 6, 54
Emerson Ralph Waldo, 130

F

Fabius Laurent, 43
Faure Edgar, 104
Fenwick Professeur, 27
Ferry Luc, 109
Fisher Robert James, 14, 15
Fontaine La, 78
Franklin Benjamin, 113
Freud, 53

G

Gall Franz Joseph, 13
Galton Francis, 14
Gambetta Léon, 12
Garaud Marie-France, 47
Gardner Howard, 18
Garrett, 114
Gauchet Marcel, 90
Gaudin Jean-Claude, 43
Gaulle Charles de, 47, 59, 103,
    138, 140, 143

© Groupe Eyrolles

© Groupe Eyrolles

© Groupe Eyrolles

© Groupe Eyrolles

Bibliographie

AIMELET-PÉRISSOL, Catherine, *Comment apprivoiser son crocodile ?* Robert Laffont, 2002.

ALBERT, Éric, *Comment devenir un bon stressé ?* Odile Jacob, 1994.

AMAR, Viviane, *Pouvoir et leadership*, Village Mondial, 2000.

ARCHIER, Georges, et SÉRIEYX, Hervé, *L'entreprise du troisième type*, Le Seuil, 1984.

ATKINSON, Jacqueline, *Vaincre le stress, c'est simple*, Top Édition, 1989.

AUBERT, Nicole, *Diriger et motiver*, Éditions d'Organisation, 1996.

AUDOUIN, Luc, *Équilibre et performance*, Éditions d'Organisation, 1992.

BAYROU, François, *Henri IV, le roi libre*, Flammarion, 1994.

BLAKE, Robert, et MOUTON, Jane, *La 3ᵉ dimension du management*, Éditions d'Organisation, 1987.

BLANCHARD, Kenneth, et JOHNSON, Spencer, *Le manager minute*, Éditions d'Organisation, 1987.

BLANCHARD, Kenneth, ONCKEN, William, et BURROWS, Hal, *Les singes et le manager*, InterÉditions, 1990.

BLANCHARD, Kenneth, et BOWLES, Sheldon, *Un Indien dans l'entreprise*, Éditions d'Organisation, 2005

BLUCHE, Frédéric, *Danton*, Éditions Perrin, 1999.

BOIRON, Christian, *La source du bonheur est dans notre cerveau*, Albin Michel, 1998.

BÖSENBERG, Dirk, et METZEN, Heinz, *Le Lean Management*, Éditions d'Organisation, 1994.

BOURION, Christian, *La logique émotionnelle*, Éditions Eska, 2000.

BRABANDERE, Luc de, *Pensée magique, pensée logique*, Éditions Le Pommier, 2008.

BURKE, Mike, *Valeurs féminines, le pouvoir demain*, Village Mondial, 1998.

CAMUS, Albert, *Le mythe de Sisyphe*, Gallimard, 1942.

CARON, Nicolas, et VENDEUVRE, Frédéric, *Démotiver à coup sûr*, Éditions d'Organisation, 2003.

CARDON, Alain, *Le manager et son équipe*, Éditions d'Organisation, 1986.

CARTER, Rita, *Atlas du cerveau*, Autrement, 1999.

CATHCART, Thomas, et KLEIN, Daniel, *Platon et son ornithorynque entrent dans un bar*, Le Seuil, 2008.

CHAIZE, Jacques, et TORRES, Félix, *Repenser l'entreprise*, Le Cherche midi, 2008.

CHALVIN, Dominique, et RUBAUD, Christine, *Utilisez toutes les capacités de votre cerveau*, ESF, 1990.

CHALVIN, Dominique, *Développez votre intelligence relationnelle*, ESF, 2003.

CHALVIN, Marie-Joseph, *Ces cerveaux qui nous gouvernent*, Robert Laffont, 1991.

CHALVIN, Marie-Joseph, *Qui sont vraiment nos politiques ?* Eyrolles, 2006.

CHANGEUX, Jean-Pierre, et RICŒUR, Paul, *Ce qui nous fait penser. La nature et la règle*, Odile Jacob, 1998.

CHAUVET, Alain, *Méthodes de management*, Éditions d'Organisation, 1995.

© Groupe Eyrolles

CLARKE, Robert, *Super-cerveaux*, PUF, 2001.

CLOSETS, François de, *Le bonheur d'apprendre*, Le Seuil, 1996.

COHEN, Allan, et BRADFORD, David, *Obtenez sans exiger*, Éditions First, 1990.

CYRULNIK, Boris, *Un merveilleux malheur*, Odile Jacob, 1999.

DAMASIO, Antonio R., *L'erreur de Descartes*, Odile Jacob, 1995.

DRUCKER, Peter, *Je vous donne rendez-vous demain*, Éditions Maxima, 1992.

FITOUSSI, Roland, *Conquérir les marchés du XXIe siècle*, Maxima, 1995.

FOTTORINO, Éric, *Voyage au centre du cerveau*, Stock, 1998.

FOUCAULDET, Jean-Baptiste de, et PIVETEAU, Denis, *Une société en quête de sens*, Odile Jacob, 1995.

FRADIN, Jacques, et LE MOULEC, Frédéric, *Manager selon les personnalités*, Éditions d'Organisation, 2006.

FUSTEC, Alan, et FRADIN, Jacques, *L'entreprise neuronale*, Éditions d'Organisation, 2001.

GALLO, Max, *De Gaulle*, Robert Laffont, 1998.

GARDNER, Howard, *Les intelligences multiples*, Retz, 1996.

GARDNER, Howard, *Les personnalités exceptionnelles*, Odile Jacob, 1999.

GARDNER, Howard, *Faire évoluer les esprits*, Odile Jacob, 2007.

GAULLE, Philippe de, *De Gaulle, mon père*, Plon, 2003.

GHOSN, Carlos, *Citoyen du monde*, Grasset, 2003.

GISCARD D'ESTAING, Valéry, *Le pouvoir et la vie*, t. 3, Compagnie 12, 1988

GIULIANI, Rudolph, *Leadership*, Buchet-Chastel, 2003.

GOLDBERG, Elkhonon, *Les prodiges du cerveau*, Robert Laffont, 2007.

GOLEMAN, Daniel, *L'intelligence émotionnelle*, Robert Laffont, 1999.

GORBATCHEV, Mickaïl, *Mémoires*, Éditions du Rocher, 1997.

© Groupe Eyrolles

GUENDET, Gaston, EMERY, Yves, et NANKOBOGO, François, *Motiver aujourd'hui*, Éditions d'Organisation, 1986.

HALÉVY, Dona, *Manager positif*, Éditions Marane, 2006.

HEES, Marc, *Des dieux, des héros et des managers*, Éditions Labor, 1999.

HERRMANN, Ned, *Les dominances cérébrales et la créativité*, Retz, 1992.

HERSEY, Paul, *Le leader situationnel*, Éditions d'Organisation, 1989.

ISRAËL, Lucien, *Cerveau droit, cerveau gauche*, Plon, 1995.

JACQ, Christian, *Le message des constructeurs de cathédrales*, Éditions du Rocher, 1980.

JACQUARD, Albert, *L'équation du nénuphar*, Le Livre de Poche, 2000.

JOHNSON, Spencer, *Qui a piqué mon fromage ?* Michel Lafon, 1998.

JULLIARD, Jacques, *Que sont les grands hommes devenus ?* Éditions Saint Simon, 2004.

KENNEDY, Carol, *Toutes les réponses aux grandes questions du management*, Éditions Maxima, 1996.

KERSAUDY, François, *Winston Churchill*, Tallandier, 2000.

KERSAUDY, François, *De Gaulle et Churchill, la mésentente cordiale*, Éditions Perrin, 2001.

LABORIT, Henri, *La colombe assassinée*, Grasset, 1983.

LAZORTHES, Guy, *L'histoire du cerveau*, Ellipses, 1999.

LE BON, Gustave, *Psychologie des foules*, PUF, 1963.

LEDOUX, Joseph, *Neurobiologie de la personnalité*, Odile Jacob, 2003.

LEIBLING, Mike, *Gérez les emmerdeurs*, Éditions Original, 2005.

LELORD, François, et ANDRÉ, Christophe, *Comment gérer les personnalités difficiles ?* Odile Jacob, 1996.

LEVITT, Théodore, *Réflexions sur le management*, Dunod, 1991.

MAC CORMACK, Mark, *Tout ce que vous n'apprendrez jamais à Harvard*, Rivages, 1985.

© Groupe Eyrolles

Mac Lean, Paul D., et Guyot, Roland, *Les trois cerveaux de l'homme*, Robert Laffont, 1990.

Macé-Scaron, Joseph, *Montaigne, notre nouveau philosophe*, Plon, 2002.

Manchester, William, *Winston Churchill*, Robert Laffont 1985.

Martineau, Jacques, *Le réveil de l'intelligence*, Éditions d'Organisation, 1989.

Milgram, Stanley, *Soumission à l'autorité*, Calmann-Lévy, 1974.

Mintzberg, Henry, *Le management*, Éditions d'Organisation, 1990.

Mongeau, Pierre, et Tremblay, Jacques, *Connais-toi toi-même*, Maxima, 1994.

Morin, Pierre, *L'art du manager*, Éditions d'Organisation, 1997.

Musashi, Miyamoto, *Relire le traité des cinq anneaux*, Economica, 2000.

Muzard, Marie, *Ces grands singes qui nous dirigent*, Albin Michel, 1993.

Paucot, Anne-Caroline, *Un escalier se balaye par le haut*, Nathan, 1995.

Pease, Allan et Barbara, *Pourquoi les hommes n'écoutent jamais et les femmes ne savent pas lire les cartes routières ?* First Editions, 1999.

Pease, Allan et Barbara, Pourquoi les hommes mentent et les femmes pleurent ? First Editions, 2000.

Peter, Laurence J., *Le principe de Peter*, Le Livre de Poche, 1977.

Peter, Laurence J., *Le monde selon Peter*, Dunod, 1988.

Peters, Thomas, et Waterman, Robert, *Le prix de l'excellence*, InterÉditions, 1983.

Pink, Daniel, *L'homme aux deux cerveaux*, Robert Laffont, 2007.

Roucaute, *Les démagogues*, Yves, Plon, 1999.

SACKS, Oliver, *L'Homme qui prenait sa femme pour un chapeau*, Le Seuil, 1998.

SALOMÉ, Jacques, et POTIÉ, Christian, *Oser travailler heureux*, Albin Michel, 2000.

SAUNDER, Laurence, *L'énergie des émotions*, Éditions d'Organisation, 2007.

SÉRIEYX, Hervé, *Est-ce que le manage… ment ?* Éditions d'Organisation, 2001.

TAPIA, Claude, *Management et sciences humaines*, Éditions d'Organisation, 1991.

TODOROV, Tzvetan, *Montaigne ou la découverte de l'individu*, La Renaissance du livre, 2001.

TOWNSEND, Robert, *Faîtes décoller vos hommes et votre entreprise*, Le Seuil, 1985.

TSEU, Lao, *Le silence du sage*, Carthame Éditions, 1989.

TZU, Sun, *L'art de la guerre*, Flammarion, 1972.

UNIVERSITÉ D'OXFORD, *Le cerveau, un inconnu*, Robert Laffont, 1993.

VIARGUES, Jean-Louis, *Manager les hommes*, Éditions d'Organisation, 1999.

VINCENT, Claude-Pierre, *Des systèmes et des hommes*, Éditions d'Organisation, 1990.

WELCH, Jack, *Ma vie de patron*, Village Mondial, 2001.

WILLIAMS, Linda V., *Deux cerveaux pour apprendre*, Éditions d'Organisation, 1997.

www.ingramcontent.com/pod-product-compliance
Lightning Source LLC
LaVergne TN
LVHW021708060726
842527LV00003B/1051